HOKKAIDO 334 M MOUNT RAUSU
北海道334号 羅臼岳

JAPAN / 日本

INTRO
イントロ

Japan also. Weiter weg war CURVES noch nie. Und damit sind nicht die reinen Luftlinien-Kilometer zwischen dem Ursprung der CURVES-Idee in den Alpen und dem Ziel dieser Ausgabe gemeint, sondern eine abenteuerliche Distanz in Sachen Kultur, Geschichte und Lebensgefühl. Zwischen den Alpenpässen und den Inseln Japans am Rand des Pazifischen Ozeans liegen ganze Universen: Mitteleuropa und Ostasien, Gebirgswelten und Meereswelten, sich beinahe diametral gegenüberstehende Perspektiven. Aber natürlich ist das alles für das Fernweh hinter dem CURVES-Mantra „soulful driving" kein Hinderungsgrund, sondern wird zum anziehenden Magnet: Selten waren wir vor dem Aufbruch in eine Reise neugieriger und gespannter. Was wird aus all den Bildern von Japan, die wir so intensiv abgespeichert haben, wenn wir ihnen in der Realität entgegenschauen oder auf der Ideallinie entgegenfahren? Rund 7.000 Kilometer später wissen wir es. Die ganze Geschichte ist in der CURVES-Ausgabe aufgeschrieben und in einem Wirbel von Bildern hinterlegt. Mit der herzlichen Einladung an Sie, Japan mit uns zu entdecken. Ein Land, dessen Tiefe und Komplexität ungeheuerlich ist, dessen Faszination sich niemand entziehen kann. Dass diese Reise wieder entlang von Kurven gestrickt ist, diesem rätselhaften und magischen Stoff, aus dem Abenteuer und Reisefieber gemacht sind, dazu gratulieren wir uns insgeheim. Es kommt selten vor, dass Straßen die Hauptdarsteller einer Reise-Erzählung über Japan sind – und dabei bieten sie sich geradezu hervorragend an. Der Rhythmus des Fahrens ist immer gleich, sozusagen als Standard-Brennweite allen Erlebens. Wer sich nur Orte aussucht, ohne das Dazwischen, der verzerrt eine Reise. In Japan ist dieses bewusste Unterwegssein ganz besonders wichtig, um Stadt und Land gleichermaßen zu gewichten, um nicht nur an die Knotenpunkte von Kultur und Landschaft zu gelangen, sondern auch um das Gewebe zu sehen. Mit Harmonie und Bedacht zu reisen. Wo sollte das sonst zu Hause sein, wenn nicht in Japan?

—

日本。CURVESはこれほど遠くまで行ったことはない。それはCURVES創刊のアイデアの原点、アルプス山脈から、今号の目的地までの直線距離の話ではない。文化、歴史、人生観といった側面から見たそこに横たわる"違い"の距離だ。アルプスの峠と太平洋の端にある日本列島の間には宇宙が横たわっている。中央ヨーロッパと東アジア、山岳と海洋、何もかもがほとんど地球の反対側だ。だからと言って、CURVESの信条である"ソウルフル・ドライビング"を突き進める原動力や遠い彼方への憧憬を妨げるものは何もない。それどころか磁石のように吸いつけられる。旅に出る前にこれほど好奇心をそそられ、ワクワクしたこともあまりない。私たちの頭に焼き付けられている日本のイメージは、現実の日本を見たり、理想的なルートで日本で車を走らせたりすると、どうなるのだろうか？7,000キロ走った後にそれがわかるだろう。今号のCURVESでは、その一部始終を多くの画像とともにご紹介している。是非一緒に日本を発見してほしい。信じられないほどの深みと複雑さがある国、その魅力から逃れることなど誰にもできないだろう。私たちは、冒険と旅の喜びから生まれる神秘的で魔法のような素材が、再び曲線を描きながら編み上げられていっているという事実を密かに喜んでいる。日本での旅行記で道路が主人公になるのは珍しいことだ。しかし、この"道"という主人公は素晴らしい選択肢であった。ドライブは、いわば全ての体験を束ねる焦点距離のように、常に同じリズムを与えてくれる。まるで道中がないかのように、きまったスポットだけを見ていたら、全体像がゆがんでしまう。日本では特に旅の前にそれをしっかりと意識することが重要だ。都市と田舎に等しく重きを置けば、文化と景観が交じり合う交差点を見つけられるだけではなく、そこに織りなされる織物全体を見ることができるからだ。調和と心遣いをもっての旅、そう、日本はこんな旅をするのに一番の場所なのだから。

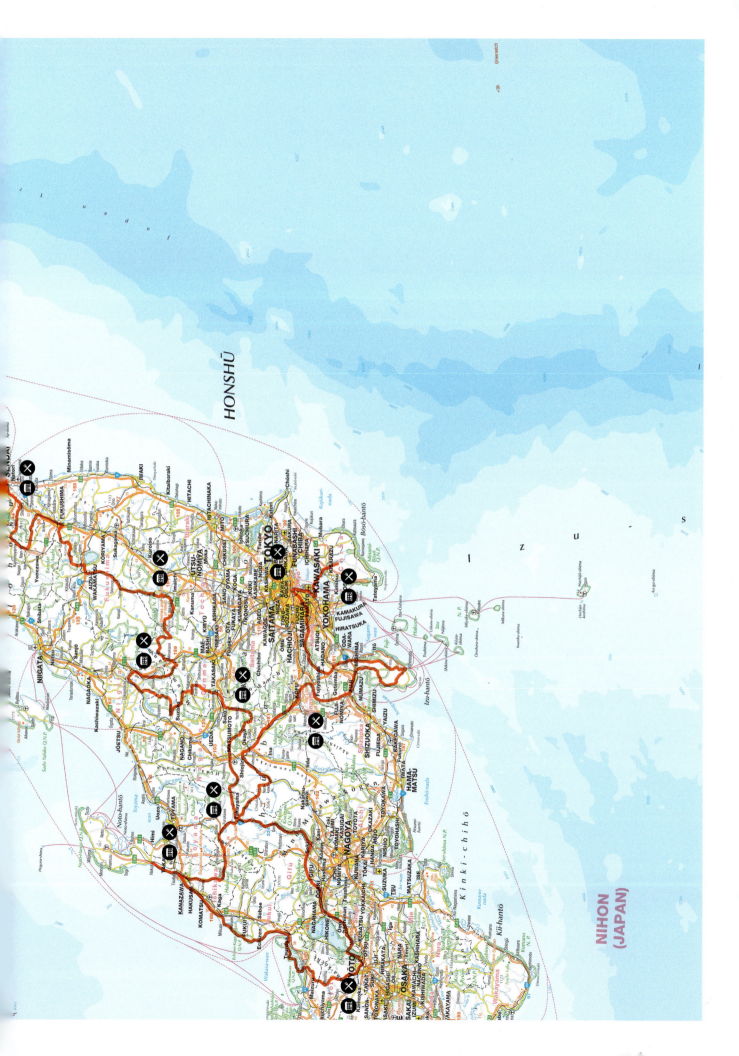

IWAKI SKYLINE
津軽岩木スカイライン

JAPAN / 日本

1 ETAPPE 区間

2 ETAPPE 区間

TOMAKOMAI 苫小牧 53
HAKODATE 函館 106

AOMORI 青森 109
NIKKO 日光 140

Der Hafen von Tomakomai ist über direkte Fährverbindungen weit im Süden an die japanische Hauptinsel Honshū angebunden, man erreicht die Nordinsel Hokkaido per Schiff also beinahe aus Tokyo oder aus Sendai. Von hier aus fahren wir nach Nordosten, entlang des Yūbari-Flusses und dann die Hidaka-Straße ins Tal des Saru bei Hidaka. Dem Fluss folgen wir weiter, beinahe in sein Quellgebiet und rollen dann über den Nissho-Pass nach Shimizu. Von hier aus geht es in die weiten Gebiete des Daisetsuzan-Nationalparks und östlich des Bergs Asahi-dake dann in Richtung Kitami sowie weiter nach Shari. Die Stadt am Fuß des gleichnamigen Vulkans ist nun Ausgangspunkt für eine Runde auf der nördlichen Halbinsel, in den Shiretoko-Nationalpark, nach Rausu und über die Gebirgskette des Mount Rausu. Zurück in Shari fahren wir nach Süden zum Kussharo-Kratersee im Akan-Nationalpark und dann auf einer alternativen Route über Tsubetsu, Ashoro und Shimukappu bis Chitose. Hier erreichen wir unseren Ausgangspunkt bei Tomakomai und setzen die Fahrt dann mit einer Runde durch den Shikotsu-Tōya-Nationalpark fort. Über die Millionenstadt Sapporo sowie einen weiten Bogen nach Süden erreichen wir Hakodate. Hier endet unsere Hokkaido-Etappe mit einer kurzen Fährfahrt zurück nach Honshū.

Geschützt im Inneren der großen Mutsu-Bucht liegt Aomori. Von hier aus starten wir in unsere erste Etappe auf der Reise über die japanische Hauptinsel Honshū. Der Norden Honshūs ist geprägt von bewaldetem Bergland, nur wenige Ebenen machen Raum für Stadtgebiete. Die Höhenlagen mit ihren Bergkegeln sind vulkanischen Ursprungs, mächtige Vulkanberge wie der Iwaki oder Ōdake im Hakkōda-Gebirge ihre Hauptdarsteller. Oft finden sich in den Kratern uralter, erloschener Vulkane aber auch kreisrunde Seen und das Baden in heißen Quellen, sogenannten Onsen, die tief aus der kochenden Erde gespeist werden, gehört zur Alltagskultur. Unsere Route führt zuerst nach Westen, zur herrlichen Serpentinenbahn am Kegel des Iwaki und danach quer über das Gebirge im Towada-Hachimantai-Nationalpark nach Westen, bis an den offenen Pazifik bei Hachinohe. Von hier aus orientieren wir uns an der Küste entlang, rollen über die kurvigen Straßen auf Klippen und in malerischen Buchten immer weiter nach Süden. Erst bei der Millionenstadt Sendai zieht es uns zurück ins Landesinnere, das wilde Gebiet rund um den Vulkan Zaō zieht uns an. Weiter geht es über die gleichnamige Hauptstadt der Präfektur Fukushima, wieder zurück in die Berge und dann dort auf kleinen Straßen nach Süden. Mit der Grenze zur Präfektur Tochigi erreichen wir den Nikkō-Nationalpark und dort unser Etappenziel.

苫小牧港は北海道と本州を結ぶ直通フェリーの港だ。このフェリーを使えば、北海道から仙台、ひいては東京近郊まで移動することができる。ここから北東に向かって夕張川に沿って走り、日高近くの沙流川渓谷に向かう。ほぼ源流まで川に沿って走り、日勝峠を越えて清水に進む。ここから広大な大雪山国立公園と旭岳の東に入り、北見そして斜里へと向かう。同名の火山（斜里岳）の麓にある斜里町は、知床国立公園、羅臼岳、そして羅臼岳の山脈を越える北海道北部半島ツアーの出発点となっている。斜里町に戻って南下し、阿寒摩周国立公園の屈斜路湖に向かい、別のルートをとって津別、足寄、占冠を経由して千歳に向かう。ここでスタート地点の苫小牧近郊に戻り、支笏洞爺国立公園を周回する。ここから大都市札幌に向かい、この大都市を横目に通り過ぎ、大きく弧を描きながら函館に南下。第1区間北海道はここで終わりだ。ここから短時間のフェリーに乗って本州に戻る。

青森は大きな陸奥湾の中央に位置する。ここが日本の本州を縦断する旅のスタート地点だ。本州北部は森林に覆われた山が多く、市街地に適した平野の面積は小さい。標高の高い山々は本来火山であり、その中でも主役は八甲田山に属する岩木山や大岳山などの巨大な山々だ。古代の死火山の火口にはしばしば円形の湖もあり、湧き出る温泉はこの地方の日常文化の一部でもある。私たちのルートは、まず西に向かい、岩木にある壮大なつづら折れのスカイラインを走り、十和田八幡平国立公園の山々を越え西に向かい、八戸へ、大きな太平洋へと進む。ここからは海岸沿いを走り、崖の上や絵のように美しい入り江の曲がりくねった道をどんどん南下していく。大都市仙台に到着すると、また、蔵王火山周辺、内陸に引き戻される。福島県福島市を通過し、また山に戻って狭い道を南下する。県境を越えて栃木県に入り、この区間の目的地である日光国立公園に到着する。

3 ETAPPE 区間

NIKKO 日光 143
TAKAYAMA 高山 194

Beim geschichtsreichen Nikkō haben wir die größte, zusammenhängende Küstenebene Japans erreicht, die vom rund 150 Kilometer entfernten Tokyo ihre Seitenarme bis in die Berge Honshūs ausstreckt. Um diesem nahezu ausnahmslos besiedelten und verstädterten Gebiet zu entgehen, fahren wir nach Westen: vorbei an den Vulkanen Nyoho und Nantai, bis ins Tal des Katashina. Diesem Fluss folgen wir stromaufwärts, bis in sein Quellgebiet am Fuß des 2.280 Meter hohen Bergs Shibutsu im Oze-Nationalpark. Von hier aus wechseln wir über den von November bis Mai geschlossenen Okutone-Yukemuri-Highway in ein südlicher gelegenes Tal und landen dort nach weiterer Fahrt am Tone und dem Dogen-Stausee. Im Süden des Tanigawa-Bergmassivs schlagen wir einen weiten Bogen, umrunden dann den Naeba im Norden und wechseln am Chikuma-Fluss auf die kurvige 502, die zurück in die Einsamkeit der Berge führt. Kurvenreich geht es hoch hinauf durch die Skigebiete, bis zur höchstgelegenen Straße Japans an der Yugama-Caldera und dem Vulkan Shirane. Hinunter nach Yubatake, mit einem weiteren Bogen in Richtung des Haruna und zurück bis in den Osten des riesigen Asama-Vulkankegels, sind wir nun bei Karuizawa gelandet. Südlich des Tateshina geht es in die Präfektur Nagano, und dort in die stillen Berge der „Japanischen Alpen" rund um Takayama. In dieser Stadt, mit ihren rund 85.000 Einwohnern, haben wir das Ziel der Etappe erreicht.

歴史ある日光で私たちは日本最大の海岸平野に到達する。150km離れた東京は本州の山間部までその裾を広げている。人が住んでいない場所などほとんどないこの地域。市街地の混雑を避けるため、私たちは西に向かう。女峰山と男体山を過ぎ、片品渓谷に入る。私たちはこの川を遡るように、その源流のある尾瀬国立公園内の標高2,280メートルの至仏山の麓に向かって走る。ここから、11月から5月までは閉鎖されるという奥利根ゆけむり街道を走り、さらにその南にある峡谷に入り、利根川に沿って旅を続ける。谷川連峰の南で大きく弧を描き、北にある苗場に入り、千曲川で曲がりくねった502号線に乗り換え、再び山の孤独へと進む。 このルートは、スキーリゾートを通り抜け、湯釜や白根山を沿って走る日本一標高の高い道路へと上っていく。湯畑へ下り、さらに榛名方面へ弧を描きながら進み、巨大な浅間山の東へ戻ると、軽井沢近郊に到着する。蓼科の南から、長野県に入り「日本アルプス」の静かな山々に囲まれた高山へ。人口85,000人のこの町がこの区間の最終地点だ。

4 ETAPPE 区間

TAKAYAMA 高山 197
FUJIYOSHIDA 京都 230

Auf der vierten Etappe fahren wir durchs Herzland des alten Japans, das Zentrum der großen Hauptinsel Honshū. Seine Bauten des japanischen Mittelalters und die eng mit den Kaiser-Dynastien (japanisch: Tennō) verbundene Geschichte haben Takayama den Namen „Klein-Kyōto" eingetragen, von hier aus fahren wir über die Pässe und Täler südlich des Haku-san-Nationalparks nach Süden. Über das kleine Gujō gelangen wir nach Gifu, eine Stadt, die heute zum Stadtkomplex der Metropole Nagoya gerechnet werden kann. Mit den Bergen zwischen Gifu und dem Biwa-See wechseln wir in die Präfektur Shiga, fahren dort ans südliche Ende des Sees und erreichen dort die alte japanische Hauptstadt Kyōto. Auch diese traditionsreiche Stadt gehört mittlerweile zu einer größeren Metropolregion, die sich rund um die Bucht von Ōsaka erstreckt. Mit Kyōto haben wir den südwestlichsten Punkt unserer Reise erreicht, von hier aus zieht es uns nach Norden: an die Buchten des japanischen Meeres, auf eine lange Reise entlang der Küste. Vorbei an Tsuruga, hinauf in die Präfekturen Fukui und Ishikawa, bis nach Kanazawa. Erst hier führt uns die Straße zurück in die Berge, hinüber nach Oyabe. Dort haben wir die Ebenen rund um die großen Städte Toyama und Tajaoka erreicht und verlassen diese in Richtung Süden. Noch einmal geht es zurück an den Ausgangspunkt der Etappe in Takayama und von hier weiter durch die „Japanischen Alpen" nach Osten. Auf diese Weise geht es Tokio entgegen. Bevor wir aber die Hauptstadt Japans erreichen, erreichen wir am Fuß des Fuji unser Etappenziel.

第4区間では、日本のメインランド、本州を旅する。中世からの建物や皇室と密接に結びついた歴史から、高山は「小京都」と呼ばれている。私たちはここから、高山の白山国立公園の南の峠や谷を越えて南下する。今日では大都市名古屋の一部と呼んでもいいような位置にある郡上という小さな町を経由して、岐阜に到着する。岐阜と琵琶湖の間にある山々を横目に滋賀県に向かい、琵琶湖の南端まで行くと日本の古都、京都に到着する。この伝統豊かな都市は現在、大阪湾をを取り囲む大都市圏の一部にもなっている。この旅の最南西の位置にある京都に到達し、ここから北へ、日本海の入り江が連なる海岸沿いの長いドライブを愉しむ。敦賀を過ぎ、福井県、石川県に入り、金沢に到着。ここから、小矢部まで山道を戻る。そこで富山と高岡といった大きな町がある平野に到達し、南下する。再びスタート地点の高山に戻り、ここから「日本アルプス」を東へ進む。ここから東京へ向かうのだ。しかし、大都会へと突進する前に、この区間のゴール、富士山の麓で心の準備を整える。

JAPAN / 日本

5
ETAPPE
区間

FUJIYOSHIDA 京都 233
TOKIO 東京 250

Vielleicht ist die Runde über die Izu-Halbinsel im Süden eines der berühmtesten Vulkane der Welt ja nur eine Fluchtbewegung, ein letztes Hinauszögern, bevor es nach Tokio geht? – Wir starten im Norden des Fuji, fahren die Straße an der Nordflanke des 3.776 Meter hohen Vulkans hinauf und genießen dort den Blick ins Land, bevor es auf die große Umrundung dieser Fotomotiv-Legende geht: Fuji mit schneebedecktem Gipfel, rosafarbene Kirschblüte, blauer Himmel. Und dann fahren wir nach Süden, vorbei an Städten wie Susono, Nagaizumi und Shimizu, bis wir bei Izu das Tor zur gleichnamigen Halbinsel erreicht haben. Mit einer großen Runde durch die dicht bewaldeten Berge und einem Abstecher ans Meer bei Matsuzaki setzen wir den zweiten Höhepunkt der Etappe, bevor wir aus östlicher Richtung zurück zum Fuß des Fuji gelangen. Von hier aus fahren wir bei Dōshi über die Berge rund um den Mount Tanzawa, landen dann bei Sagamihara in der Metropolregion Tokio. Ab hier verlieren sich alle Spuren im Irrwitz des größten Stadtgebiets der Welt.

世界で最も有名な火山の南から、伊豆半島へ南下するこのルートは、東京に向かう前の最後の逃避なのかもしれない。富士山の北側からスタートし、標高3,776メートルのこの火山にクルマで登れる地点まで登り上がり、そこからの風景を楽しむ。そして富士山大周遊に出発する。雪で覆われた頂、ピンク色の桜、青空。そんな写真のモデルになっているこの山をぐるりと眺める。そして南下し、裾野、長泉、清水といった町を過ぎ、伊豆半島の玄関口に到着する。鬱蒼とした森に覆われた山々を抜け、松崎の近くでちょっと海を眺める。のルートの2つ目のハイライトだ。ここから道志の丹沢山地の山々を越え、首都圏の相模原に到着する。そしてそこから先は、世界最大の都市圏の狂気の中で私たちの足跡がすべて失われていく。

EDITORIAL
編集部より

Vierzehntausendeinhundertundfünfundzwanzig Inseln. Das ist Japan. Die Hauptinsel Honshū kennen viele, ebenso Hokkaidō im Norden, aber schon Kyūshū und Shikoku können bereits nur noch Insider aufzählen. Ganz zu schweigen von den anderen 14.121 Inseln, die sich über eine Länge von rund 3.000 Kilometern zwischen der Nordspitze Japans bei den Kurilen und dem südlichen Ende mit der Insel Hateruma erstrecken. Wer wusste schon, dass alleine Honshū ungefähr die Fläche Großbritanniens hat? Dass der Norden Japans in direkter Nachbarschaft zur russischen Insel Sachalin liegt, und damit beinahe auf den Breitengraden Sibiriens, im Winter eiskalt und schneebedeckt? Dass aber der Süden im ostchinesischen Meer liegt, viel näher an Taiwan als an Osaka oder Tokyo, mit subtropischen Regenzeiten? – Die Antwort dürfte nun selten „ich!" lauten, und auch das CURVES-Team musste sich für dieses intime Fachwissen zuerst einmal der einschlägigen Reiseführer und Atlanten bedienen. Geben wir es zu: Auch wenn wir Mitteleuropäer allesamt meinen, ein klar umrissenes Japan-Bild zu haben, ist unsere konkrete Kenntnis beim näheren Nachfassen dann eben doch bemerkenswert unscharf.

Woran das liegt? – Vermutlich an der Omnipräsenz japanischer Bilder und Klischees in unserer Wahrnehmung: Überall auf der Welt kennt man Manga und Judo, Samurai und Shogun, Honda und Toyota, Sony und Nintendo, Tsunami und Seppuku, Kamikaze und Karate, Asahi und Sushi. Und weil das alles bei uns so dicht gepackt und bedeutungsintensiv im Koordinatensystem des Weltbilds liegt – abgespeichert als: typisch japanisch – machen wir uns nicht mehr die Mühe, wirklich in einen echten Kontakt zu treten. Hinter die Kulissen zu schauen. Die denkwürdige Andersartigkeit Japans zu ergründen, stehen zu lassen, wirken zu lassen und am Ende wirklich zu verstehen. Oder besser: Verständnis zu suchen. Denn Japan, das ist ein anderes Universum, in dem verglichen mit den kulturellen und ideellen Magnetfeldern Mitteleuropas vieles auf dem Kopf steht. Japan passt nicht in unsere Schubladen. Und ist vielleicht gerade deshalb noch um ein Vielfaches spannender und mitreißender als wir es eh schon unterstellen. Vielleicht fängt man beim Landeanflug auf Japan – oder Nippon, wie das Land sich selbst nennt – tatsächlich mit seiner Geschichte an. Denn die ist eine verborgene Wurzel für das, was sich hier so eigen und intensiv entfaltet hat. Zuerst: Insel-Lage. Alleine das ändert

14,125の島々。これが日本だ。本州と北の北海道を知っている人は多いが、九州と四国となると知っている人はちょっとした日本通だ。もちろん千島列島の北端から波照間島のある南端までの約3,000KMに及ぶ14,121の島々のことを知っているひとなどほんの一握りにちがいない。本州だけで英国とほぼ同じ面積があるなんて、日本の北はシベリアとほぼ同じ緯度、ロシアのサハリン島のすぐ近くにあり、冬は凍てつく寒さで雪に覆われているなんて、南は東シナ海に面し、自国の都市大阪や東京よりもどちらかと言えば台湾に近く、亜熱帯の雨季があるなんて、「知ってるよ！」と答えられる人は稀だろう。CURVESチームがこんな事実を知ったのも、実を言えば関連する旅行ガイドブックや地図帳を徹底調査した後だった。私たちヨーロッパ中部の人間は皆、日本についてはっきりクリアなイメージを持っているつもりでいる。しかし具体的な知識にズームインしていくとそのイメージは驚くほどぼやけたものになる。

なぜだろう。おそらく、私たちの知覚の中に様々な日本のイメージ、そして偏見が遍在しているからだろう。マンガと柔道、サムライと将軍、ホンダとトヨタ、ソニーと任天堂、津波と切腹、神風と空手、アサヒビールと寿司。そして、私たちの世界観の中ではこれらすべてが典型的な日本として、意味深く、非常に密に詰め込まれているため、私たちはもはや、実際にこの国に触れてみる努力を、そんな表面の裏に、実際何があるかを探り出す努力をしなくなってしまったのだろう。つい考えさせられる日本という国の異質さを理解し、それを受け止め、消化し、最終的に本当に理解することを怠っている。いや、理解したい、そんな姿勢で向き合っていない。

なぜなら日本は、ヨーロッパ中部の文化的・思想的な枠組みに留まっている私たちにとって、多くのことで仰天させられる別世界だからだ。日本は私たちの枠にはまる国ではない。そしておそらくそれこそが、この国が想像の何倍もエキサイティングで魅惑的な国である理由なのだろう。おそらく、日本、あるいは現地の言葉ニッポン、という国に降り立ったとき、その歴史から始めるのが一番なのかもしれない。なぜなら、歴史こそが、これほど独特に、そして強烈に発展してきたこの国の隠されたルーツなのだから。まず、島国であるという事実。これだけでも発展する方向性が全く違う。海に隔てられていると、流れ込んでくる人やアイデア、文化やテクノロジーの流れにピタッとブレーキがかかる。そしてそこから加速し、それが激しくなる。大陸から日本への民族の移動は1万2000年以上前に始まった。太平洋地域、中央アジア、シベリアからの民族だ。現在も北海道に住んでいるアイヌは、おそらくこの初期に移動してきた民族の子孫であり、彼らが最初の日本人である。古代から中世初期にかけて、日本は隣国、中国や朝鮮半島の影響を受け、それは今日でも日本文化の基礎として見受けられる。日本料理は、日本語の文字同様、過去何世紀にもわたって完全に独立したものとして発展してきたが、ここかしこに大陸からの要素も見ることができる。

Der Weg übers Meer bremst den Fluss von Menschen und Ideen, Kulturen und Technologien im einen Moment entscheidend aus – oder beschleunigt und intensiviert ihn im nächsten. – Vor über 12.000 Jahren begann die Besiedelung Japans vom Festland her, die Menschen kamen aus dem pazifischen Raum, aus Zentralasien und Sibirien.

alles. Der Weg übers Meer bremst den Fluss von Menschen und Ideen, Kulturen und Technologien im einen Moment entscheidend aus – oder beschleunigt und intensiviert ihn im nächsten. – Vor über 12.000 Jahren begann die Besiedelung Japans vom Festland her, die Menschen kamen aus dem pazifischen Raum, aus Zentralasien und Sibirien. Die heute noch auf Hokkaidō lebenden Ainu dürften Nachfahren dieser frühen Siedler sein, sie sind die ersten Japaner. Während der Antike und dem frühen Mittelalter beeinflussten die chinesischen und koreanischen Nachbarn Japan, man kann dies heute noch in den Fundamenten der Kultur erkennen: Die Küche Japans mag sich ebenso wie die japanische Schrift während der vergangenen Jahrhunderte zu vollkommener Eigenständigkeit entwickelt haben, basiert aber auf Elementen vom Festland.

Während der Nara-Epoche des Frühmittelalters nahm auch die Politik Anleihen an in China praktizierten Staatsformen, ebenso setzte der in Indien entstandene Buddhismus nach Japan über. Und dann – während der Heian-Epoche ab 800 n. Chr. – emanzipierte sich Japan: Kultur, Musik und Dichtung fanden eigene Wege, die es so nur in Japan gab und die selbst heute noch bekannt sind. Auch die in Japan aus koreanischen und chinesischen Traditionen entwickelten Kampfsportarten stammen in ihren Grundzügen aus dieser Zeit. Dass zum Beispiel eine so archaisch anmutende Ritual-Inszenierung wie das Sumō-Ringen auch heute noch in Japan als topaktuelle Sportart gilt, ist mehr als bemerkenswert. Aus den zu Beginn oft tödlichen rituellen Kämpfen des japanischen Altertums hat sich über die Jahrhunderte eine beinahe moderne Sportart entwickelt. Wenn die in speziellen Sumō-Schulen seit ihrer Kindheit auf ein Kampfgewicht von über 150 Kilogramm (manchmal auch weit darüber) getrimmten Ringer aufeinander losgehen, werden sie von Tausenden Fans angefeuert. Die Preisgelder in der professionellen Sumō-Liga Ōzumō gehen in die Hunderttausende, die Sumōtori oder Rikishi sind echte Stars. Nur zur Einordnung: Das Sumō ist deutlich älter als die global bekannten Kampfsportarten Jiu-Jitsu, Judo oder Karate – man stelle sich einfach vor, die römischen Gladiatoren würden auch heute noch in ausverkauften Arenen aufeinander einprügeln … Die legendären Samurai haben es dagegen nicht bis in die Moderne geschafft, obwohl ihr Ruf immer noch regelrecht unsterblichen Charakter hat: Vergleichbar mit den europäischen Rittern entstand in Japan während des Altertums und frühen Mittelalters eine durch Eide an Fürsten oder

海に隔てられていると、流れ込んでくる人やアイデア、文化やテクノロジーの流れにピタッとブレーキがかかる。そしてそこから加速し、それが激しくなる。大陸から日本への民族の移動は1万2000年以上前に始まった。太平洋地域、中央アジア、シベリアからの民族だ。

中国から政治形態が、インドから仏教が、それぞれ日本に渡ってきたのは中世初期の奈良時代だ。そして、西暦800年からの平安時代。日本は独自の文化、音楽、詩を発展させ、今日でも知られている日本という独自の文化の道を歩み始める。朝鮮半島や中国の伝統を受け、日本独自の方法で発展した武術。これもその根本となる特徴は、この時代に生まれたものだ。ちなみに、相撲のように古代の儀式を見ているかのようなスポーツが、今日の日本でも大衆から愛され続けていることは、特記すべき点だろう。日本古来の儀式的な、時には生死にかかわる格闘技である相撲は、何世紀にもわたり現代スポーツとして発展してきた。何千人ものファンが、子供の頃から特別な訓練学校で、150キロ（時にはそれを遥かに超える）の強靭な肉体を鍛えあげてきた力士たちの一対一の対決に声援を送る。このスポーツのプロリーグ、大相撲の賞金は数十万ユーロに上り、相撲取りまたは力士と呼ばれる彼らは日本社会では正真正銘のスターである。ここで少し想像してみて欲しい。相撲は、世界的に認知されている柔術や柔道、空手などの格闘技よりもはるかに古いものだ。もし、古代ローマの剣闘士たちが、今日でもチケット完売の闘技場で戦っていたら？

一方、その名声はいまなお不滅のものではあるが、現代世界で伝説的なサムライたちを見ることはない。ヨーロッパの騎士に相応す

den Kaiser gebundene Krieger-Kaste, die es durch vielseitige Privilegien einerseits und einen strengen Ehrenkodex andererseits zu einem Status schaffte, der die politischen und militärischen Strukturen Japans über Jahrhunderte prägte. Begriffe und Elemente der Samurai-Kultur, wie das einschneidige Katana-Schwert oder die strengen Vorstellungen des Verhaltenskodex Bushidō, haben durch Bücher und Filme sogar immer noch fast mythische Bedeutung in der heutigen Pop-Kultur.

Ab dem Frühmittelalter bröckelte die aus China übernommene Struktur eines Kaiserreichs und wurde durch ein System ersetzt, in dem die Shōgune und Daimyō, Herzoge und Fürsten, Macht unter sich aufteilten, während für den Kaiser Japans lediglich eine symbolische Rolle blieb. Die Konkurrenz der regionalen Warlords sollte dann aber zu einem nahezu hundertjährigen Bürgerkrieg führen, an dessen Ende die Daimyō Oda Nobunaga, Toyotomi Hideyoshi (ein Nachfahr zum Samurai geadelter Bauern) und schließlich Tokugawa Ieyasu das zersplitterte Japan zu einer politischen Einheit schmiedeten. In dieser Zeit landeten die ersten Europäer aus Portugal, Spanien und den Niederlanden in Japan, ihr zunehmend kolonialistischer Druck führte allerdings ab 1603 zu einer vollkommenen Abschottung Japans: 250 Jahre lang blockte die herrschende Tokugawa-Dynastie jeden Kontakt zur Außenwelt ab. In einer Art kulturellem Dampfdrucktopf bildeten sich bis 1853/1854 viele jener Elemente und Wertesysteme Japans aus, die dem Rest der Welt bis heute so spannend, unerklärlich und magisch erscheinen. Als dann aber die Neuzeit in Japan ankam, mit ihr eine fast schlagartige Öffnung und der Zerbruch lang gelebter Systeme, musste sich Japan neu erfinden. Europäisiert sowie mit reformiertem Kaiserhaus wurde Japan zur konstitutionellen Monarchie und begann damit, sich nach außen zu orientieren – auf eine kaum nachzuvollziehende Art.

Die heute wohl verstörendste Epoche der Geschichte Japans begann mit brutalen Überfällen auf die Nachbarn Korea und China und endete mit den am Ende des Zweiten Weltkriegs von der US Air Force auf Hiroshima und Nagasaki abgeworfenen Atombomben. Besonders wer den vielen Aspekten von Harmonie und Schönheit in der Kultur Japans voller Bewunderung gegenübersteht, kann die Rolle Japans in den Jahren zwischen 1910 und 1945 nur schlecht einordnen. Licht und Schatten gehören aber vermutlich untrennbar zur menschlichen Existenz, der Versuch, nur eine Seite wahrhaben zu wollen, wäre ausgesprochen unredlich. Japan ist, was es ist – das Resultat einer einzigartigen Geschichte. Und ein Land, das zu 80 % aus Bergen besteht, aber nur auf den restlichen 20 % Fläche für Wohnen, Ackerbau und Wirtschaften bietet. Ein aus dem Pazifik ragender Höhenrücken unterseeischer Vulkane, die sich entlang von Bruchkanten in der Erdkruste formieren. Ein Land auf unsicherem Grund, Land der Erdbeben und

る日本の武士とは、古代から中世初期にかけ何世紀にもわたって、日本の政治的・軍事的構造を形成したグループである。藩主や天皇に誓いを立て、一方で様々な特権によって社会的地位を獲得し、その一方で厳格な名誉という規範に従ってそれぞれの殿のために戦ってきた戦士たちだ。片刃の刀や武士道の厳格な考え方など、サムライ文化からくる用語や要素は、本や映画のおかげで、今日のポップカルチャーの中ではほとんど神話的な意味を持つものだ。

中世初期から、中国から受け継いだ帝国という構造は崩壊し、将軍や大名が権力を分け合い、天皇は象徴的な役割のみ、そんな体制に移行していく。しかし、地方の武将たちの権力争いは、ほぼ100年にわたる内戦に発展し、織田信長、豊臣秀吉（武士になった農民の子孫）、そして徳川家康が、分断された日本をひとつの政治体として統一した。この間、ポルトガル、スペイン、オランダから最初のヨーロッパ人が日本に上陸したが、彼らの植民地主義的圧力が高まるにつれ、1603年以降、日本は完全な鎖国にいたる。250年もの間、徳川家は外の世界からの接触をすべて遮断した。それから1853年／1854年まで、今日でも世界の他の国々には刺激的で、不可解で、魔法のように感じられる日本の多くの要素や価値体系が一種の文化的圧力鍋のような状態の中で形成されていった。しかし、近代という時代が日本に到来し、開国、そして長年にわたって確立されてきたシステムの崩壊がもたらされたとき、日本は自らを新しく発見していかなければならなくなった。日本はこの時期、西欧化、皇室改革、立憲君主制導入を通して、理解しがたい方法で自らを外の世界に向け始めた。

今日、日本の歴史においておそらく最も不穏であったこの時代は、隣国である朝鮮と中国への残忍な攻撃から始まり、第二次世界大戦においてアメリカ空軍が広島と長崎に投下した原子爆弾で終わることになった。特に、日本文化の調和と美の様々な側面を心から愛する人たちにとって、1910年から1945年の間に日本が世界に及ぼした影響を、この国の側面として受け入れることは難しい。しかし、人間の存在にとって光と影は切っても切り離せないものであり、光だけを眺めたい、と考えるのは極めて偽り深いものであろう。日本はそれらすべてを含めたその特有の歴史から生まれたものであるのだから。そして、80％の国土が山で覆われ、生活、農業、経済活動のためのスペースはわずか20％という地理的条件にある国でもある。太平洋から盛り上がる海底火山の尾根で、地殻の断層に沿って形成されている国だ。つまり、大地が揺れ動き、地震と津波の国だ。日本はリアルな現実の国でもある。ステレオタイプではない。このリアルな日本も見たい。それが私たちがこの旅に出た理由だ。観光名所を巡る旅でも、ユネスコの世界遺産をチェックして廻る旅でも、憧れのイメージの中をセンチメンタルに進んでいく旅でもない。その国のフローの流れに乗る旅だ。人々と出会いながら。何車線もあるのに渋滞する高速道路で、きらびやかに輝く巨大都市の片隅で。寂れた田舎道や海沿いの曲がりくねったルートを走りながら。その麺でとにかく満足させてくれる蕎麦屋や、目にも舌にも嬉しい芸術作品のような寿司を出してくれる、シャイで控えめなレストランで。控えめでありながら、圧倒的な新鮮さと"ウマミ"、奥深さを感じる旅。人々にちらっと視線を投げかけるのではなく、彼らをしっかりと観察した私たちには、ある考えが浮かんできた。何世紀にもわたり自然な発展、そして長い鎖国を経験してきた日本の歴史は、現在に至るまでその足跡を残しているのだ、と。日本は、他の文化圏ではほとんど見られないような、ドライな慣習と、言葉が詰まってしまうほどの興奮、つまり、人間であることの両極の間、絶対的なコントロ

Tsunamis. Japan ist echt. Kein Klischee. Auf unserer Reise haben wir auch aus diesem Grund versucht, dieses Japan zu sehen. Kein Entlanghangeln an touristischen Sehenswürdigkeiten, kein Abhaken von UNESCO-Weltkulturerbe-Punkten, kein sentimentales Segeln durch Wunsch- und Traumbilder, sondern Unterwegssein im Flow des Landes. Mit den Menschen. Im Stau vielspuriger Highways und in den schillernden Winkeln der Bäuche von Millionenstädten. Auf einsamen Landstraßen und sich am Meer windenden Küstenrouten.

In schüchternen Restaurants, die einfach unfassbar zufrieden machende Nudelsuppen servieren, oder Sushi, das als optisches und geschmackliches Kunstwerk gelten darf. Frisch und umami und auf eine bescheidene Art spektakulär. Wir haben dabei die Menschen nicht voyeuristisch beobachtet, aber intensiv wahrgenommen und einen Verdacht gewonnen: Die vielen Jahrhunderte japanischer Geschichte zwischen spontanem Wandel und dann wieder langem Abgeschottetsein haben eine Spur bis ins Heute hinterlassen. Japan bewegt sich wie kaum ein anderer Kulturraum im ganzen Spektrum der Pole des Menschseins: zwischen staubtrockener Konvention und sprachlos machender Überdrehtheit. Zwischen absoluter Kontrolle und entfesseltem Exzess. – Die animistische Shintō-Tradition hat Japan mit einer Vielzahl von Gottheiten und Geistwesen gefüllt, die wild und widersprüchlich das Diesseits mit einer ebenfalls diesseitigen Unsichtbar-Welt verknüpfen. Unberechenbar und vulgär, aber auch verborgen und regelkonform. Alleine der Groß-Schrein Ise-jingū in der Präfektur Mie kennt 38 fest übers Jahr verteilte Feste, die zum Beispiel an Saat und Ernte erinnern, oder die kaiserliche Familie als Nachfahrenschaft der Ur-Göttin Amaterasu in den Mittelpunkt nehmen. Gleichzeitig ist Japan ein buddhistisches Land und tief von dieser ultimativ ins Jenseits blickenden, nach Perfektion und Endgültigkeit suchenden Religion geprägt. Gegensätzlicher könnte die Mischung von Weltanschauungen kaum sein – untrennbar mit dem Lebens-Schicksal verknüpft auf der einen Seite, und das Abschütteln der Lebensgezeiten auf der anderen Seite.

Japan vereint das. Japan so zu nehmen, wie es ist, macht es auch erst möglich, die enormen Gegensätze als einen zusammengehörigen Charakter zu verstehen. Die im Westen so verehrte Einfachheit und Klarheit von japanischen Gestaltungsprinzipien gehört ebenso zu Japan, wie das opulente Chaos und die düstere Emotionalität der Anime-Kultur. In die Substanz der Gesellschaft eingewobene Ordnungsprinzipien gedeihen neben einer subversiven Lust am Konventionsbruch. Tiefgründige Traditionen und Pop-Kultur, tiefe Verehrung von Althergebrachtem und immer wieder völlige Geschichtslosigkeit, Handwerk und Hightech – all das macht Japan aus. Und eine Reise durch dieses vielschichtige Land so spannend.

Japan vereint das. Japan so zu nehmen, wie es ist, macht es auch erst möglich, die enormen Gegensätze als einen zusammengehörigen Charakter zu verstehen. Die im Westen so verehrte Einfachheit und Klarheit von japanischen Gestaltungsprinzipien gehört ebenso zu Japan, wie das opulente Chaos und die düstere Emotionalität der Anime-Kultur. In die Substanz der Gesellschaft eingewobene Ordnungsprinzipien gedeihen neben einer subversiven Lust am Konventionsbruch.

そして、日本はこれら全てを包括している。ありのままの日本を体験して初めて、この極めて強烈なコントラストを一つにまとまったキャラクターとして理解することが可能になる。西洋で高く評価される日本のデザイン原則のシンプルさと明瞭さは、アニメ文化の豪華絢爛のカオスやダークな感情と同様、日本の一部なのだ。社会にしっかりと織り込まれた秩序という原則の中、慣習を打ち破ろうとする破壊的な願望がすくすくと育っている。

ールと奔放なエクセス（過剰）の間を行き来している。アニミズムに似た神道の伝統は、万物に宿る神や魂で日本を埋め尽くしてきた。この神々はこの世と、目に見えないがこの世と捉えられている世界とを、荒々しく、そして矛盾した形で結びつけてきた。予測もできない展開をみせながら、粗野でありながら、同時に隠された整然さを持って。例えば、三重県にある伊勢神宮だけでも、種まきや収穫、天照大神の子孫である皇室を祝う年間38もの祭りが定期的に催されている。同時に日本は、死後の世界に深く目を向ける、完全性と絶対性を求める仏教からも深く影響を受けている。これほど対称的な世界観の組合せもないだろう。一方では運命に縛られながら、人生の荒波を力強く乗り越えていく力を振り絞って生きていく。

そして、日本はこれら全てを包括している。ありのままの日本を体験して初めて、この極めて強烈なコントラストを一つにまとまったキャラクターとして理解することが可能になる。西洋で高く評価される日本のデザイン原則のシンプルさと明瞭さは、アニメ文化の豪華絢爛のカオスやダークな感情と同様、日本の一部なのだ。社会にしっかりと織り込まれた秩序という原則の中、慣習を打ち破ろうとする破壊的な願望がすくすくと育っている。奥深い伝統とポップカルチャー、伝統への深い畏敬の念、時折顔を出す歴史への意識の欠如、職人技、ハイテク。これらすべてが日本なのだ。そして、何層ものレイヤーが重なり合った国だからこそ、この国での旅はエキサイティングなものなのだ。

BANDAI AZUMA SKYLINE
磐梯吾妻スカイライン

HOKKAIDO RD 350
北海道道350号

KAWAZU NANATAKI LOOP BRIDGE
河津七滝ループ橋

ROUTE NR. 44 AT FUDAI
普代 国道44号

TOKYO SHIBUYA CROSSING
東京渋谷交差点

BANDAI AZUMA SKYLINE
磐梯吾妻スカイライン

BURG MATSUMOTO
松本城

OGIMACHI ROUTE 360
荻町　国道360号

BANDAI AZUMA SKYLINE
磐梯吾妻スカイライン

IROHA-ZAKA SLOPING ROAD ROUTE 120
いろは国道120号線

ROUTE 120
国道 120号

OKAMA ROUTE 12
御釜 山形県道12号

TOKYO
東京

YOKOTE SUMMIT ROUTE 292
横手山国道292号

KINKAKUJI / KYOTO
金閣寺 / 京都

NATIONAL ROUTE 292
国道292号

RAINBOW LINE / MIKATA FIVE LAKES
レインボーライン／三方五湖

NATIONAL ROUTE 292
国道292号

# TOKIO
TOMAKOMAI
HAKODATE
東京　苫小牧　函館

1.550 KM • 4-5 TAGE // 964 MILES • 4-5 DAYS // 1.550 KM • 4-5 日間 // 964 マイル • 4-5 日間

Wie das dicht gepackte Eis auf den Auslagen eines Fischmarkts schmilzt unser kleines Tokyo-Trauma langsam. Fließt ab, aus uns heraus, in bunt schillernden Erinnerungslachen: Anflug auf Tokyo-Narita, International Airport, dann die Einreise-Formalitäten, das Gehirn dick in Jetlag-Watte gepackt. Japanische Schrift fließt über Hinweisschilder und Werbe-LED-Screens, jedes Schriftzeichen ein kleines Kalligrafie-Kunstwerk für sich, fließend und fokussiert zugleich.
—
魚が並ぶアイスボックスにぎっしり詰まった氷のように、東京で受けたトラウマがゆっくりと溶け去っていく。キラキラと光り、とにかくカラフルな記憶が笑い声となって私たちの中から流れ出す。東京成田国際空港に到着し、入国審査を受ける。時差ボケで頭の中には霞がかかっている。広告でうるさいLEDスクリーンには、サラサラと流れたり、ズームインしたりしながら絵画のような日本語の文字が流れている。

HOTELS
AMAN HOTEL
THE OTEMACHI TOWER
1 CHOME-5-6 OTEMACHI
CHIYODA CITY, TOKYO 100-0004
WWW.AMAN.COM

THE OKURA TOKYO
2 CHOME-10-4 TORANOMON
MINATO CITY, TOKYO 105-0001
WWW.THEOKURATOKYO.JP

MUJI HOTEL GINZA
104-0061
6F, 3-3-5, GINZA, CHUO-KU, TOKYO
WWW.HOTEL.MUJI.COM

Unverständliche Sprache schwappt über uns hinweg, mit ganz eigenem, verborgenem Rhythmus. Schwingend, rollend, Stakkato-eilig. Vor dem Flug haben wir uns gängige Japanisch-Redewendungen antrainiert – wir hören sie nicht wieder. Vermutlich, weil Japaner das dann doch ganz anders aussprechen. Laute verschlucken und verschieben, sie auf der Zungenspitze tanzen lassen oder hinten im Rachen gurgeln – kein Vergleich mit westlichem Zungenschlag. Dann: Raus aus dem Flughafen, Taxi durch die Stadt, wie das Hineinfahren in einen bunten LSD-Rausch oder der Flug durch ein sich drehendes Kaleidoskop. Straßen fliegen über unseren Köpfen, Hochhausfassaden hüllen sich in bunt wirbelnde Reklame. Menschenmengen fluten unsichtbar choreografiert mit- und ineinander verschlungen dahin. Tokyo gibt uns keine fünfzehn Minuten, bevor wir völlig verschüchtert feststellen, wie sich all unsere Systeme per Not-Aus verabschieden. Overload. Durchdrehende Synapsen, sich überlagernde Gefühle und Eindrücke. Dinge, die man mit einem West-Kopf einfach nicht verarbeiten kann. Unverdaulich.

Und jetzt sind wir eine mehrstündige Fährfahrt später auf Hokkaido angekommen, der großen Insel im Norden. Haben fest beschlossen, uns von hier oben langsam zurückzurobben, an die riesigen, zu urbanen Welten verschmolzenen Superstädte der Mitte Japans. Zu Hause haben uns enthusiastische Japan-Kenner bereits für verrückt erklärt: „Japan bereist man doch nicht mit dem Auto! Hier fährt man mit dem Zug!" – Danke für den Einwand, zur Kenntnis genommen – und abgelehnt. Wir starten am Fährhafen von Tomakomai. Mit ihren knapp 200.000 Einwohnern ist das die größte Hafenstadt auf Hokkaido. Und nach Tokyo natürlich klein und grau, beinahe ein bisschen trist. Wie auch sonst, wenn der direkte Vergleich knapp 10 Millionen hat – oder auf eine ganze Metropolregion hochgerechnet beinahe 40 Millionen. Der Eindruck mag aber auch am monochromen Herbstwetter liegen. Oder der herben Feststellung, dass Japan eben nicht nur aus unseren Bildern von schillerndem Nachtleben und Manga-Parallelweltigkeit besteht. Richtig greifen können wir die Kultur Japans in diesem Moment am Anfang

不可解な言語が、独自のリズムで私たちに襲いかかる。スイングを利かせながら、転がるように、そしてスピード感たっぷりに。フライトの前に、よく使われる日本語のフレーズを練習してきたが、そんなフレーズは聞こえてこない。日本人の発音の仕方が違うのだろう。音を飲み込み、ずらし、舌先で音を踊らせ、喉の奥でゴロゴロとさせる。西洋の言語とは舌の動きが全く違う。空港を脱出。タクシーでまるでこのカラフルな都市を走り抜ける。くるくる回る万華鏡の中にいるような、いや、LSDの幻覚を体験しているようなドライブだ。道路が頭上を交差し、高層ビルの表面には色とりどりの広告が次々と現れる。人々の群れが流れていく。目に見えない振付通りに肩を並べたり、絡み合ったり。15分も経たないうちに、私たちのすべてのシステムが緊急停止してしまったことに冷やりと気付く。過負荷だ。感情と目に入ってきたイメージが重なり合い神経のシナプスが狂っている。西洋人の思考では単純に処理できないことばかりだ。消化できない。

フェリーでの何時間もの旅を経て今私たちは北の大きな島、北海道にいる。私たちはここからゆっくりと、日本の中心で相互に溶け合っている都市部、首都圏へと這い戻っていくことに決めていた。

出発前に、日本通にはそんな計画はクレイジーだと言わた。「日本はクルマで旅する国じゃない！列車で移動する国だ！」と。アドバイスとして有難く受け取るが、それでもクルマで走りたい。拒否だ。さあ、苫小牧のフェリー港からスタート。ここは人口20万人弱、北海道最大の港湾都市だ。そして東京から来た私たちには、小さくてグレーで、少し寂れた雰囲気の場所に見える。人口4,000万人弱という首都圏から来たのだから、1,000万人弱のこの街が小さく見えるのも不思議ではない。この印象はモノクロームな秋の気候のせいかもしれないし、日本はめくるめくナイトライフやマンガの世界、という私たちのイメージだけで成り立っているわけではないという現実で頭が冷えたからかもしれない。この時点、旅のはじまりにはまだ日本の文化を理解する術もない。だから、投げやりな気分で出発前に寿司を平らげることにした。本物の日本の寿司。お品書きは長いが、いったい何が出てくるのかほとんど想像もつかない。今の私たちには理想的な条件だ。レストランに入るやいなや、自分たちが酷い野蛮人のような気分にさせられる。日本には守るべきルールが無数にあることは知っていた。でも、欧米の普通の環境で自分たちの声が特に大きいとは思っていなかった。ここにいると自分たちの声がとにかく大きすぎることに気づかされる。叫んでいるかのような大きさだ。店内はひんやりとした静寂に包まれ、ひそひそ話をする客たちが、私たちをさりげなくチェックしている。絶好のスタートとは言えない。恥ずかしさを感じながら、少なくとも音量ぐらいは環境に溶け込もうと、ボリュームを下げてみる。適当に握りと軍艦のセレクションを注文すると、

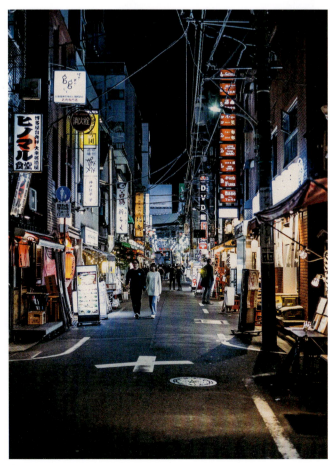

HOKKAIDO ROUTE 274
北海道道274号

unserer Reise noch nicht und gönnen uns daher vor der Abfahrt trotzig ein Sushi-Intro. Echtes japanisches Sushi. Die Auswahl ist groß und unsere Ahnung klein. Ideale Voraussetzungen also. Beim Betreten des Restaurants fühlen wir uns schlagartig wie entsetzliche Banausen. Hier in Japan gibt es unzählige Regeln, die es zu beachten gilt, das wussten wir. Allerdings nicht, dass wir in westlicher Standardeinstellung hoffnungslos zu laut sprechen. Viel zu laut. Brüllend laut. Im Restaurant herrscht kühle Stille, flüsternde Gäste mustern uns mit gut getarnter Beiläufigkeit. Na prima, das beginnt ja prächtig. Eingeschüchtert versuchen wir uns akustisch aufzulösen, drehen unseren Volumen-Regler herunter. Beinahe wahllos bestellen wir dann eine Auswahl an Nigiri- und Gunkan-Sushi – und sind ehrlich überrascht, dass der Kellner alles korrekt verstanden hat, kleine Nori-Schiffchen und fein zelebrierte Fisch-auf-Reis-Pakete vor uns auf einer Planke reicht. Hat doch zumindest teilweise funktioniert, das mit uns und Japan.

Und dann rollen wir aus der Stadt. Ein schweigendes Spalier von unzähligen kleinen Holz-Häuschen verfolgt dabei gespannt, wie wir uns mit der Umstellung aller Reflexe auf die falsche Straßenseite abmühen. Moment: Die linke Seite. Japan fährt links. Und wir bestimmt bald auch. Die E5 spielt Eingewöhnungsbegleiter, verschont uns fürs Erste mit gröberen fahrerischen Herausforderungen, katapultiert uns stattdessen mitten in die Natur. Bunt leuchtender Indian Summer links und rechts der Straße, Bäume entblättern sich träumend. Bei Chitose wechseln wir auf die E38, um an den nordöstlichsten Zipfel von Hokkaido zu kommen, zum Shiretoko Nationalpark mit seinen Seen und Bergen, den Klippen am Meer und einer Landschaft, die ebenso in Sibirien oder Alaska liegen könnte. Bei Honbetsu geht es auf die E61, die Landschaft wird bergiger, die Flora karger. Immer wieder passieren wir Gebirgsseen und Wasserfälle, fahren in eine andächtige Trance hinein und hoffen auf Minusgrade oben am Kussharo-Kratersee: Dessen 80 Quadratkilometer sollen im Winter komplett zufrieren und so ein intensives Naturspektakel bieten. Natürlich klappt das nicht auf Bestellung, wir setzen deshalb auf Plan B und steigern uns mit einem am Straßenrand gekauften Plastik-Souvenir in den anderen Mythos des Kussharo hinein: Tief in den schwarzen Wassern des Kraters soll ein altertümliches Ungeheuer hausen, ein Wesen zwischen Nessie und Godzilla. Tolle Geschichte. Und wenn man lange genug auf den See hinausschaut, wird sie ganz bestimmt wahr.

Auch die nun folgende Passage über den Tsubetsu Pass wird schnell zu einem Kapitel des Hokkaido-Tagtraums, die Straße rollt mit feinem Swing zur Passhöhe und dort halten wir auf der Aussichtsplattform für einen Moment inne. Unter uns liegt eine dichte Wolkendecke und nur die herausragenden Bergspitzen lassen vermuten, was sich unter diesem Teppich befindet. Ist es ein Gefühl von

Bunt leuchtender Indian Summer links und rechts der Straße, Bäume entblättern sich träumend. Bei Chitose wechseln wir auf die E38, um an den nordöstlichsten Zipfel von Hokkaido zu kommen, zum Shiretoko Nationalpark mit seinen Seen und Bergen, den Klippen am Meer und einer Landschaft, die ebenso in Sibirien oder Alaska liegen könnte.

道の左右には色鮮やかなインディアンサマーが広がり、木々の落葉はなんとも幻想的だ。千歳でE38に入り、北海道の最北東にある、シベリアやアラスカを彷彿とさせる湖、山、海辺の断崖が美しい知床国立公園に向かう。本別でE61に入ると、山の景色に変わり、植物もまばらになる。

海苔に包まれた小さな船のような軍艦とお米の上に美しく魚が載った握りが、下駄の上に載って届いた。ウェイターが注文をきちんと分かってくれたことには驚かされた。少なくとも部分的には大丈夫そうだ。日本での旅、何とかやっていける。そして、街を走り去る。無数の小さな木造家屋がひっそりと静かなフェンスのように続く。そんな光景を横目に、反対側通行だ、と自分たちに言い聞かせながら走る。ちょっと待て、左側だ。日本は左側通行だ、と。しばらくするとそれにも慣れてくる。E5はそんな私たちの練習コースになってくれた。難しいチャレンジであたふたすることもなく、この道は大自然の真ん中へと私たちを導いてくれた。道の左右には色鮮やかなインディアンサマーが広がり、木々の落葉はなんとも幻想的だ。千歳でE38に入り、北海道の最北東にある、シベリアやアラスカを彷彿とさせる湖、山、海辺の断崖が美しい知床国立公園に向かう。本別でE61に入ると、山の景色に変わり、植物もまばらになる。何度も何度も山間の湖や滝を通り過ぎる。その美しさに神がかり的な精神状態に陥りながら、屈斜路湖への道中、気温がどんどん氷点下まで下がってくれるといいな、などと考える。面積約80平方キロメートルのこの湖は、冬になると完全に凍りつき、自然の強烈さを目のあたりにすることができる場所だからだ。もちろん、願ったからと言って叶うわけではない。次善の策に移る。道端で買ったプラスチックの土産を持って屈斜路のもうひとつの神話に向かう。このカルデラ湖のクレーターの黒い水の奥深くには、ネッシーとゴジラの中間のような古代の怪物がいるとされている。ワクワクするような話だ。湖をじっと長く見つめていれば、見えてくるに違いない。

続く津別峠の道は絶妙なスイングで私たちを峠の頂上まで導き、白昼夢のような北海道ドライブの1ページを綴ってくれる。展望台でしばし休憩だ。目の前には雲の絨毯が広がる。そこから突き出た山の頂だけが、その下に何があるかの目印だ。この頂で体験しているのは自由な

HOKKAIDO ROUTE 274
北海道道274号

MT. IO (ATOSA-NUPURI)
硫黄山（アトサヌプリ）

MT. IO (ATOSA-NUPURI)
硫黄山（アトサヌプリ）

Freiheit, das wir hier oben empfinden? Ganz oben stehend und nach unten, in die verborgene Ahnung einer anderen Welt blickend? – Ehrfurcht trifft es vermutlich besser. Schockierend kleine Menschen in einer episch weiten Natur, die sich alle Zeit der Welt nimmt, während wir in ein paar Jahrzehnten nur noch Erinnerung sein werden ... Vorbei am Akan Nationalpark geht es dann weiter nach Norden in Richtung Meer, die Straße folgt bis Shari im Formationsflug einer Eisenbahntrasse, segelt dann direkt an der Küste entlang und landet schließlich in Utoro. Die Fischerstadt schmiegt sich in malerische Buchten und zwischen mächtige Fels-Formationen, wirft dabei immer einen Blick aufs dicht bewaldete Hinterland. Fischkutter mit hohen Bordwänden für die Fahrt in raue Gewässer drängen sich in den Hafenbecken dicht aneinander, die Einfahrt zum Hafen wird durch einen markanten Fels geschützt. Intensiver Duft nach Meer und Salz imprägniert unsere Geruchssinne, macht uns verrückt nach Fisch und Meeresfrüchten und so stolpern wir in eines der Restaurants in Hafennähe. Japan scheint seinen ganz eigenen Weg in unser Unterbewusstsein zu finden. Mittlerweile sind wir auf die unterkühlte Zurückhaltung der Einheimischen vorbereitet, schalten daher auf einen gelassenen Stealth-Mode um. Nicken am Eingang freundlich in die Runde, suchen dann selbstbewusst einen freien Tisch, bleiben dabei aber unter jedem Radar. Und es wirkt: Immer wieder fangen wir einen freundlichen Blick auf, wir werden neugierig beäugt, aber die Schwingungen sind gelassen und erfreut. Gibt es unterschiedliche Aggregatzustände von Herzlichkeit? – Anscheinend ja. Es muss nicht immer laut und körperlich zugehen, wenn man sich willkommen fühlen möchte, Japan beweist uns das gerade. Wir baden in unausgesprochener Freundlichkeit, recken unsichtbare Herzens-Fühler aus und fühlen – Wärme. Was für eine unerwartete Erfahrung.

Draußen hat sich die Dämmerung angeschlichen, im Hafen machen sich die Fischkutter bereit für einen nächtlichen Fang. Man habe während der blauen Stunde einen herrlichen Blick vom Oronko-Felsen, flüstert man uns im Restaurant beim Bezahlen vertraulich zu. Besonders schön sei der Moment, in dem die untergehende Sonne durch die Lücke zwischen Wolkendecke und Horizont ins Meer falle. Magisch und sehnsuchtsvoll. – Ein Geheimtipp. Welche Aufmerksamkeit. Welches Zeichen von Achtsamkeit und Vertrauen. Wir sind gerührt und senden ein inneres Leuchten zurück. Leichte Verbeugung inklusive, die kommt intuitiv aus uns heraus. Wir haben tatsächlich das Gefühl, Japanisch zu sprechen, ganz ohne Worte. Am nächsten Morgen wachen wir am Shiretoko-Nationalpark auf, staunen von den vielen Aussichtsplattformen auf weite, wilde, dramatische Natur. Wolken hängen am Mount Rausu fest, dem Beschützer der Täler und Seen. Nur schweren Herzens lösen wir uns von diesem Land – wenn wir wiederkehren, werden wir uns in eines der vielen Onsen-Bäder in den Bergen verziehen, untertauchen im heißen

Besonders schön sei der Moment, in dem die untergehende Sonne durch die Lücke zwischen Wolkendecke und Horizont ins Meer falle. Magisch und sehnsuchtsvoll. – Ein Geheimtipp. Welche Aufmerksamkeit. Welches Zeichen von Achtsamkeit und Vertrauen. Wir sind gerührt und senden ein inneres Leuchten zurück. Leichte Verbeugung inklusive, die kommt intuitiv aus uns heraus. Wir haben tatsächlich das Gefühl, Japanisch zu sprechen, ganz ohne Worte.

ブルーアワーの時間帯にはオロンコ岩から素晴らしい黄昏時の景色を眺めることができますよ、とお会計の時に従業員の人がそっと教えてくれた。夕日が雲と水平線の隙間から海に落ちる瞬間は特に美しい、魔法と郷愁に満ちた景色ですよ、と。すごいインサイダー情報。なんて気が利く人たちなのだろう。余裕がある、疑いのない心の証明だ。ちょっと感動し、暖かい心になる。直感的にちょっとしたお辞儀までしてしまう。言葉は交わせないのに、日本語を話しているような気分になる。

のだろうか？頂上に立ち、その下に隠された別世界を手探りで見下ろしている時間は、自由というより、畏敬の念という言葉の方がぴったりとくるだろう。壮大な大自然の中に身を置くと人間という存在の小ささに驚かされる。時間がゆっくりと自然のなかを流れる中、人間は何十年か経つとただの思い出になってしまう。　阿寒国立公園を通り過ぎ、海に向かって北上する。まず斜里まで鉄道の線路を沿って走り、そこからそのまま海岸沿いを進み、ウトロに到着する。絵のように美しい湾と岩の間に沈み込んだようなこの漁師町は、鬱蒼と茂る森林に囲まれている。港の入口には荒波を航行するために高い舷を備えた漁船が密集し、ここからはなんとも不思議な形の岩を眺めることができる。海と塩の強烈な匂いが私たちの嗅覚を刺激し、魚や貝類が食べたくなる。とりあえず港近くのレストランに入ろう。日本文化は私たちの潜在意識に知らないうちにするりとうまく忍び込んでくれたようだ。

地元の人たちのちょっと距離を置いた控えめさに驚かされることもなく、すんなりとお忍びモードに切り替える。入り口でニコニコとうなずき、慣れた様子で空いているテーブルを探しながらも、周りの様子はしっかりと捉えておく。上手くいった。こちらにむけられた優しそうな、好奇心たっぷりの視線を何度かキャッチする。リラックスした友好的な視線だ。暖かい心というものには、異なる形態があるのだろうか？そうらしい。声を上げ、大きなジェスチャーで表現されなくても、歓迎されていると感じることはできる。日本がそれを証明している。言葉を使わない優しさに包まれ、目に見えない心のアンテナが温もりを感じ取る。こんな体験は予想もしていなかった。

ROUTE 244
国道244号

Wasser der Vulkan-Erde und dabei den sanften Schwefel-Duft aus den Spalten im Boden durch die Nüstern ziehen. Aber jetzt fahren wir in den Süden Hokkaidos. Zuerst durch Rausu und auf der 335 die Küste entlang. Hokkaido kann auch ganz schön herb sein, das erklärt uns diese Etappe mühelos: Kleine Häuschen ducken sich entlang des Wegs, teilweise sind die Fenster mit Brettern zugenagelt. Niedrige Strommasten schlagen ein wucherndes Kabelsalat-Netz, Menschen sehen wir unterwegs aber kaum. Hokkaido mag wunderschön sein, aber sein Geld verdient man hier oben eher mühsam. Und so kommt es, dass in einem Paradies mit grünen Bergen und dem Ochotskischen Meer direkt vor der Haustür nur bescheidene Behausungen auf den Klippen stehen. Willkommen in einer zum Anfassen echten Welt ohne jeden Glamour. Und Willkommen im Herzen Hokkaidos. Denn hierhin geht es jetzt. In die Berge rund um das Massiv des Mount Tomuraushi, auf einsame Straßen mit den banalen Nummern 39 und 273, die in aufgeräumter Ästhetik über den Pass am Sekihoku oder Mikuni zirkeln.

Unter dem nun bleigrauen Himmel leuchten die Herbstfarben der Wälder umso mehr, füllen eine struppige Wildnis mit ätherischer Schönheit. Selbst die Straße erlaubt sich immer wieder einen entspannten Moment. Lässt ihre sonst so penibel ausgestaltete Ordnung mit perfekter Asphaltierung, korrekt gezogenen Linien und eifriger Beschilderung schleifen, bummelt als derbes Asphaltband dahin. Frostbrüchig, geflickt, an den Rändern ausgefranst. Und drumherum geben wilde Berge alles, um sie in immer vertracktere Kurven zu legen. Wir haben wunderschöne Momente da oben, fahren sorgfältig und versunken ins Jetzt. Tiefschwarze Kalligrafie-Tinte mit feinem Pinsel auf narbiges Papier getuscht – so fühlt sich das Fahren an. Shimizu hat knapp 10.000 Einwohner, acht davon sitzen im kleinen Nudel-Restaurant, in dem wir eine Schüssel Soba-Nudeln bestellen – oder es zumindest versuchen: Die Speisekarte ist ausschließlich Japanisch, verblichene Fotos geben uns etwas Orientierung und so versuchen wir, gestikulierend und deutend ans Ziel zu kommen. Englisch wird hier schließlich nicht gesprochen, unser Trainings-App-Japanisch reicht vermutlich für nichts mehr als eine Wasserbestellung.

外では夕闇が忍び寄り、港では漁船が夜の漁の準備をしている。ブルーアワーの時間帯にはオロンコ岩から素晴らしい黄昏時の景色を眺めることができますよ、とお会計の時に従業員の人がそっと教えてくれた。夕日が雲と水平線の隙間から海に落ちる瞬間は特に美しい、魔法と郷愁に満ちた景色ですよ、と。すごいインサイダー情報。なんて気が利く人たちなのだろう。余裕がある、疑いのない心の証明だ。ちょっと感動し、暖かい心になる。直感的にちょっとしたお辞儀までしてしまう。言葉は交わせないのに、日本語を話しているような気分になる。翌朝は知床国立公園で目覚め、多くの展望台から広大で荒々しく劇的な自然の景観に感嘆する。渓谷と湖の守護神である羅臼岳は雲を纏っている。この場所には後ろ髪を引かれる。ここに戻ることがあったら、山中にたくさんある温泉のひとつに引きこもり、暖かい湯に浸かり、地面から湧き出る温泉の硫黄の優しい香りを胸いっぱいに吸い込みたい。しかし、北海道の南に向かわなければ。まず羅臼を通り、335号線を海岸沿いに走る。この区間は私たちに北海道にも厳しい側面があることを見せつけるようなルートだ。道沿いに並ぶ小さな家々、窓には板が張ってあるものもある。低い電柱にはケーブルが絡み合っているが、道中ではほとんど人を見かけない。北海道は美しいかもしれないが、生計を立てるのには厳しい場所なのだろう。こうして、緑の山々とオホーツク海がすぐ目の前に広がる楽園だというのに、家屋は崖の上に建つささやかな住居だけだ。華やかさとはかけ離れた、触れるほどにリアルな世界、北海道の中心部が私たちを迎えている。入っていこう。トムラウシ山を取り囲む山塊へ。石北峠や三国の峠を越えて、39番と273番とつまらない番号の名前が付けられてはいるが、整然とした美しさに囲まれた、ひっそり静かな道を走る。

空が鉛色だからだろうか、森の紅葉がいっそう輝きを増し、ワイルドな景観をその幽玄な美しさで満たしている。道路さえもここかしこで緊張感から解き放たれている。いつもは完璧な舗装、正確に引かれたライン、おせっかいな標識など、細心の注意を払って整えられているというのに、ここには荒れたアスファルトが伸びているだけの箇所もある。霜で破裂し、つぎはぎされて、端が擦り切れたアスファルト。そしてそれを取り囲むのは、厄介なカーブを描くためだけに頑張ってそこに立っているかのようなワイルドな山々だ。山の上でなんとも素敵な時間を過ごし、慎重にハンドルを切りながら、運転に全神経を集中させる。ざらざらした紙に漆黒の墨で描かれたほっそりとした線。そんな道だ。清水で蕎麦屋に入る。清水は人口1万人弱、そのうちの8人が小さなそば屋に座っていた。蕎麦を注文する、いや、したつもりだ。メニューは日本語だけだが、色あせた写真を見ればなんとなくどんなものか想像がつく。身振り手振り、写真を指差しなんとか欲しいものを注文する。ここでは英語は通じないし、日本語勉強アプリの日本語では、お冷をお願いする以上のことはできないだろう。注文したものが出てくるのか、とちょっ

HOTEL & RESTAURANT

KIKI SHIRETOKO NATURAL RESORT
192 UTORO KAGAWA, SHARI-CHO
SHARI-GUN, HOKKAIDO
WWW.KIKISHIRETOKO.CO.JP

BANYA SEAFOOD
192 UTORO KAGAWA, SHARI-CHO
SHARI-GUN, HOKKAIDO

ROUTE 334 RAUSU
国道334号 羅臼

HOKKAIDO 334 M MOUNT RAUSU
北海道国道334号 羅臼岳

ROAD TO HEAVEN HOKKAIDO
天国への道 北海道

UKIMIDO
浮見堂

OROFURE PASS ROUTE NR. 2 HOKKAIDO
大雪山オロフレ峠 北海道道2号北海道

LAKE KURRARA HOKKAIDO ROAD 350
屈斜路湖 北海道道350号

Als wir dann unsicher auf das Gewünschte warten, wird es wieder still im Raum. Flüstern und essen. Nur die Schlürfgeräusche, wenn herzhaft angesaugte Nudeln hinter entschlossen gespitzten Lippen verschwinden, sind zu hören. Und die Gedanken der anderen Restaurant-Besucher: Woher kommen die? Was tun die hier? – Dann stellen wir überrascht fest, dass wir uns diese Fragen nicht einbilden: Am Nachbartisch sitzt Nanami. Sie ist Mitte zwanzig und eine Ainu. So heißen die indigenen Ureinwohner Japans, die heutzutage hauptsächlich noch auf Hokkaido zu Hause sind.

Nanami hat ein paar Jahre in Europa gelebt, in Großbritannien und in Spanien, und sie scheint zu verstehen, wie groß der Sprung für uns in die Welt Japans ist. Sie erklärt amüsiert, auf was zu achten ist, wenn unsere Reise weiter nach Süden geht und wir in den Städten landen. Dass Japaner es zum Beispiel ausgesprochen unhöflich finden, private Fragen gestellt zu bekommen … „Liegt nicht daran, dass Japaner ein übergroßes Privatsphäre-Bedürfnis hätten, aber das Individuum wird bei uns anders bewertet als im Westen. Ihr kommt Japanern ganz schön seltsam vor", grinst Nanami.

Mit diesen ermutigenden Worten werden wir auf die letzte Etappe entlassen: Zurück nach Chitose, dann auf einem weiten Fahrfreude-Loop rund um den Shikotsu-See und den Toya-See mit seiner Krater-Insel in der Mitte, schließlich am Fuß des Vulkans Yōtei-zan vorüber. Bis nach Sapporo. Die Stadt erinnert an eine Mischung aus New York und München, vielleicht liegt das ja am berühmten Bier von hier? – Wir schneiden Sapporo im Westen, schauen von der Schnellstraße hinüber zu den vorbeiziehenden Hochhäusern des Stadtzentrums und eilen weiter. Nach Hakodate, dem anderen Fährhafen im Süden Hokkaidos. Als unser Schiff dort in Richtung der südlicheren Insel Honshū ablegt, schauen wir zurück. Ahnen, dass Hokkaido eine ganz eigene Farbe im Fächer Japans ist. Gut, dass wir unsere Reise hier begonnen haben. In der Ruhe vor dem Sturm.

Als unser Schiff dort in Richtung der südlicheren Insel Honshū ablegt, schauen wir zurück. Ahnen, dass Hokkaido eine ganz eigene Farbe im Fächer Japans ist. Gut, dass wir unsere Reise hier begonnen haben. In der Ruhe vor dem Sturm.

私たちが乗った船はそこから南、本州に向かって出発する。船から北海道を眺めてみる。北海道は日本の色彩の中でも独自の色を持つ場所だった、そんな思いが心をよぎる。旅の出発点をここにしたのは正解だった。嵐の前の静けさ、とでも言おうか。

と心配しながら待っているあいだ、この蕎麦屋もまた静まり返っていることに気付く。ささやき。食事。すぼめた唇の奥にスルッと蕎麦が引き込まれていく音しか聞こえない。だが、他の客が考えていることも伝わってくる。どこから来たのかしら？何をしているのかしら？……ハッとする。これらの問いは本当の声だった。隣のテーブルにナナミという女性が座っている。彼女は20代半ばのアイヌ人だ。アイヌ人とは、現在も主に北海道に居住する日本の先住民だ。

ナナミは数年間イギリスとスペインに住んでいたことがあり、別世界に飛び込んできた私たちの気持ちを分かってくれているようだ。南下し、都市部にたどり着くまでに気をつけるべきことを瞳を輝かせながら教えてくれた。例えば、日本人にプライベートな質問をすることは非常に失礼なことだ。「日本人がプライバシーに関して神経質だっていうわけではなくて、個人ていう価値感が西洋とは違うからかな。日本人にとって西洋の人ってかなり奇妙な存在」とナナミがにっこりと笑う。

この励ましの言葉に押されて、私たちは最後の一走りを始める。千歳に戻り、支笏湖、そして中央に中島が真ん中に浮かぶ洞爺湖畔をぐるりと回る。そして最後に羊蹄山の麓に向かい、そこから札幌まで。札幌がニューヨークとミュンヘンの間のように感じられるのはこの地の有名なビールのせいだろうか。札幌の西を横切り、高速道路から高層ビルが立ち並ぶ街並みをちらっと横目で見て、先を急ぐ。道南のもうひとつのフェリー港、函館へ向かって走る。私たちが乗った船はそこから南、本州に向かって出発する。船から北海道を眺めてみる。北海道は日本の色彩の中でも独自の色を持つ場所だった。そんな思いが心をよぎる。旅の出発点をここにしたのは正解だった。嵐の前の静けさ、とでも言おうか。

HOTEL & RESTAURANT

THE ROYAL PARK CANVAS
SAPPORO ODORI PARK
1-12 ODORI NISHI, CHUO-KU
SAPPORO 060-0042
WWW.ROYALPARKHOTELS.CO.JP

TOKIO / TOMAKOMAI HAKODATE 苫小牧 / 函館

Der Hafen von Tomakomai ist über direkte Fährverbindungen weit im Süden an die japanische Hauptinsel Honshū angebunden, man erreicht die Nordinsel Hokkaido per Schiff also beinahe aus Tokyo oder aus Sendai. Von hier aus fahren wir nach Nordosten, entlang des Yūbari-Flusses und dann die Hidaka-Straße ins Tal des Saru bei Hidaka. Dem Fluss folgen wir weiter, beinahe in sein Quellgebiet und rollen dann über den Nissho-Pass nach Shimizu. Von hier aus geht es in die weiten Gebiete des Daisetsuzan-Nationalparks und östlich des Bergs Asahi-dake dann in Richtung Kitami sowie weiter nach Shari. Die Stadt am Fuß des gleichnamigen Vulkans ist nun Ausgangspunkt für eine Runde auf der nördlichen Halbinsel, in den Shiretoko-Nationalpark, nach Rausu und über die Gebirgskette des Mount Rausu. Zurück in Shari fahren wir nach Süden zum Kussharo-Kratersee im Akan-Nationalpark und dann auf einer alternativen Route über Tsubetsu, Ashoro und Shimukappu bis Chitose. Hier erreichen wir unseren Ausgangspunkt bei Tomakomai und setzen die Fahrt dann mit einer Runde durch den Shikotsu-Tōya-Nationalpark fort. Über die Millionenstadt Sapporo sowie einen weiten Bogen nach Süden erreichen wir Hakodate. Hier endet unsere Hokkaido-Etappe mit einer kurzen Fährfahrt zurück nach Honshū.

—

苫小牧港は北海道と本州を結ぶ直通フェリーの港だ。このフェリーを使えば、北海道から仙台、ひいては東京近郊まで移動することができる。ここから北東に向かって夕張川に沿って走り、日高近くの沙流川渓谷に向かう。ほぼ源流まで川に沿って走り、日勝峠を越えて清水に進む。ここから広大な大雪山国立公園と旭岳の東に入り、北見そして斜里へと向かう。同名の火山（斜里岳）の麓にある斜里町は、知床国立公園、羅臼岳、そして羅臼岳の山脈を越える北海道北部半島ツアーの出発点となっている。斜里町に戻って南下し、阿寒摩周国立公園の屈斜路湖に向かい、別のルートをとって津別、足寄、占冠を経由して千歳に向かう。ここでスタート地点の苫小牧近郊に戻り、支笏洞爺国立公園を周回する。ここから大都市札幌に向かい、ここを通り過ぎ、大きく弧を描きながら函館に南下。第1区間北海道はここで終わりだ。ここから短時間のフェリーに乗って本州に戻る。

1.550 KM • 4-5 TAGE // 964 MILES • 4-5 DAYS // 1.550 KM • 4-5 日間 // 964 マイル • 4-5 日間

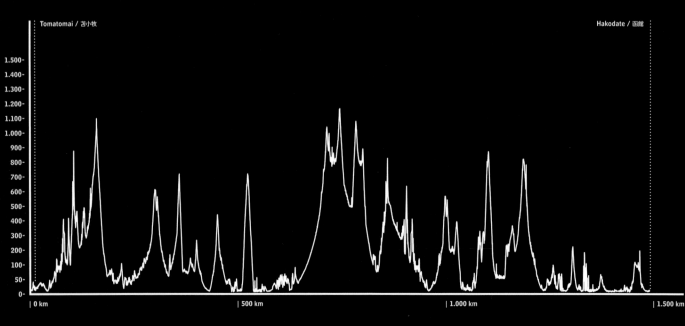

IWAKI SKYLINE
津軽岩木スカイライン

AOMORI
NIKKO
青森 日光

1.070 KM • 4-5 TAGE // 667 MILES • 4-5 DAYS // 1.070 KM • 4-5 日間 // 667 マイル • 4-5 日間

Aomori, Honshū. Gleichmäßig prasselnder Regen empfängt uns, meditativ herunterplätschernd, als sei der graue Wolkenhimmel eine der vielen heißen Quellen. Die Tropfen fallen bedächtig und mit stetiger Intensität. Also innehalten. Unterschlupf in einem überdachten Eingangsbereich suchen und fasziniert beobachten, wie das Wasser die Straßen in schimmernde Spiegel verwandelt.

—

本州、青森。灰色の曇り空が雨で整然としたリズムを刻みながら私たちを迎えてくれた。まるで美しく整えられた禅の庭のようだ。雨滴は優しく同じ強さで落ちてくる。ちょっと立ち止まりその様子を眺める。入口に屋根のある建物を探しながらも、通りが雨でキラキラと光る鏡面に変わっていく様子にふと心が奪われる。

IWAKI SKYLINE
津軽岩木スカイライン

TOWADA ART CENTER
十和田市現代美術館

Aus dem Nachbarhausflur schaut eine Dame prüfend herüber, immer wieder, dann verschwindet sie stumm in der Tür. Und kehrt wenige Augenblicke später mit zwei durchsichtigen Plastikregenschirmen zurück, die sie uns mit einem kleinen Lächeln und einer kurzen Verbeugung reicht. Wortlos, nur mit dieser versammelten Geste, so japanisch wie ein Haiku. Wir verneigen uns tief, nehmen die Schirme und erreichen unser Auto, ohne einen Tropfen Regen zu spüren. Die Straße streift durch ein grünes Tal in den Bergen nach Westen, zieht dann in den Reisfeldern rund um den Fluss Iwaki weiter und von dort aus sehen wir bereits den Vulkan: Als mächtiger Kegel auf breitem Sockel thront der Iwaki in der Ebene, der Regen bleibt hinter uns zurück und als wir die schmale Straße nehmen, die von der Route 3 abzweigt, wissen wir noch nicht, was uns erwartet: eine Straße, die sich über nahezu zehn Kilometer in 69 präzisen Haarnadelkurven den Berg hinaufzieht – Kehre für Kehre ein Fest. Und meditativ, als sei die Straße ein gut gepflegter Zen-Garten, voller Sinn und Bedeutung, ein Haiku.

Zu den Meistern dieses Moments werden aber nicht wir, sondern ein Motorradfahrer, der vor uns zum Gipfel stürmt. Die gut zwanzig Jahre alte Honda Fireblade wird mit rhythmischer Eleganz geführt, als gleitende Kalligrafie auf Asphalt. Wir sehen staunend zu, wie sich der Fahrer ins gut eingetragene Leder seiner Kombi schmiegt, deren abgeschliffenes Dunkelblau mit Akzenten in Dunkelgold zur Rüstung eines Samurai wird, auch der Helm ist in denselben Farben lackiert. Meister Jiu-Jitsu sucht den Flow. Federnd und geschmeidig, in sich ruhend und kraftvoll. Wirkt dabei so, als hätte er die letzten Jahrzehnte nichts anderes getan. Und wahrscheinlich ist es genau so. Der Meister fährt nicht einfach – er fließt. Präzises Abwinkeln, den Körper in ein Netz aus Gleichgewicht und Harmonie gespannt. Nicht seine Geschwindigkeit beeindruckt, sondern die Ruhe der Bewegung, die sinnliche Kontrolle, mit der Kurvenradius, Neigungswinkel und Beschleunigung zu einer perfekten Choreografie gewebt werden. Wir folgen mit Andacht, sehen ergriffen zu und empfinden unser Fahren dagegen als beinahe grobschlächtig, banal, eindimensional. – Gefühlvolles Auftauchen aus der Verkleidung vor den Kehren, millimeterpapierpräzises Hineinzirkeln mit ruhender Körperspannung – bestimmt wird da vorn gerade ausgeatmet, Energie abgebaut. Hinein in die Ruhe am Scheitelpunkt. Halten. Halten. Dann Einatmen, Energie gewinnen, Gas geben, die Maschine aufrichten. In schwingender Bewegung auf die Gerade ziehen. Und wieder von vorn.

Oben beim Ende der „Tsugaru Iwaki Skyline", am Sessellift zum Gipfel, nimmt der Meister seinen Helm ab, offenbart sich als drahtiger Mann in seinen Siebzigern:

Als mächtiger Kegel auf breitem Sockel thront der Iwaki in der Ebene, der Regen bleibt hinter uns zurück und als wir die schmale Straße nehmen, die von der Route 3 abzweigt, wissen wir noch nicht, was uns erwartet: eine Straße, die sich über nahezu zehn Kilometer in 69 präzisen Haarnadelkurven den Berg hinaufzieht – Kehre für Kehre ein Fest. Und meditativ, als sei die Straße ein gut gepflegter Zen-Garten, voller Sinn und Bedeutung, ein Haiku.

そこからはもう火山が見えてくる。岩木山は広大な平野にどっしりとそびえ立っている。雨がやみ、国道3号線から分岐する細い道になにげなく入ると、そこには山を縫うように69のヘアピンカーブがある全長約10キロメートルの道が私たちを待ち受けていた。ワクワクの時間がスタートする。手入れの行き届いた禅の庭にでもいるかのような瞑想的なドライブだ。シンボルと感性がたっぷりと詰まった俳句のようだ。

隣の建物の廊下から一人の女性が何度も何度もこちらを見ては、静かにドアの向こうに消えていった。しばらくすると、この女性が戸口まで戻ってきて小さな笑みを浮かべながらちょっとお辞儀をして透明なビニール傘を2本渡してくれる。無言、ちょっとしたジェスチャーだけ。まるで俳句のように心が伝わるって。日本的だ。深くお辞儀をして、傘を受け取り、雨を一滴も寄せつけずにクルマに乗り込む。山中の緑の谷間を西に向かって走り、岩木川周辺の稲田を縫うように進む。そこからはもう火山が見えてくる。岩木山は広大な平野にどっしりとそびえ立っている。雨がやみ、国道3号線から分岐する細い道になにげなく入ると、そこには山を縫うように69のヘアピンカーブがある全長約10キロメートルの道が私たちを待ち受けていた。ワクワクの時間がスタートする。手入れの行き届いた禅の庭にでもいるかのような瞑想的なドライブだ。シンボルと感性がたっぷりと詰まった俳句のようだ。しかし、この道の勇者は私たちではない、私たちの前を山頂に向かって突進しているオートバイだ。すらすらと筆でお経でも書いているかのように、20年もののホンダ・ファイヤーブレードがリズミカルに、華麗にコーナリングを決めていく。目が離せない。彼が着ているきれいに使い古されたレザースーツはこのマシンと一体化している。この車両の磨き上げられた濃紺に濃金のアクセントは、まるでサムライの鎧のよう

ROUTE NR. 44 AT FUDAI
普代岩手県道44号

ROUTE NR. 44 AT FUDAI
普代村の国道44号

ROUTE NR. 44 AT FUDAI
普代岩手県道44号

Harutos Augen blitzen, sein Englisch ist fließend und er nimmt unsere Bewunderung für die soeben demonstrierte Fahrkunst mit bescheidenem Nicken entgegen, ein kaum merkliches Lächeln spielt dabei um seine Lippen. „Wie macht man das?", fragen wir gespannt, „diese Leichtigkeit und Kontrolle – woher kommt sie?" – Haruto lächelt wieder. Hebt dann einen Finger und sagt: „Aus der Geduld." – Seit fünfzig Jahren fährt Haruto Motorrad, und an jedem Tag ist er ein Schüler. „Es gibt keine Tricks und Geheimnisse der Fahrkunst", stellt der Meister im Leder mit entwaffnendem Pragmatismus klar, „nur Wiederholung, bis jede Bewegung zur zweiten Natur wird. Fühlt die Straße." – Wir verbeugen uns tief. Sagen Arigatou. Danke schön. Und schauen dann verlegen hinaus in die Weite, auf Berge und Täler unter einem wilden Himmel. Haruto hat uns ein paar Tipps aus seinem Koordinatensystem mitgegeben, wir machen daher Halt im Park der über 400 Jahre alten Burg Hirosaki, der sich jeden Frühling in einen wahren Rausch von Kirschblüte verwandeln soll. Doch auch der Herbst hat hier seine eigene Magie. Die Farben des Laubs – leuchtendes Gelb, tiefes Rot, warmes Braun – könnten einem Gemälde entsprungen sein. Zwischen den Bäumen erhebt sich die Burg mit ihren geschwungenen Pagoden-Dächern und wirkt wie ein Zeitreisender, der es nicht zurück in seine Epoche geschafft hat. Wir schlendern ergriffen durch den Park, genießen seine Ruhe – ein wahres Kontrastprogramm zur rastlosen Fahrt über die Haarnadelkurven am Iwaki.

Auf dem weiteren Weg hinunter zur Großstadt Sendai haben wir die Route an der Ostküste Honshūs ausgesucht, auf dem Weg nach dort drüben geht es durch ein geologisches Großereignis: Die Strecke im Towada-Hachimantai-Nationalpark führt geradewegs durch das Gebiet des Towada, einem Vulkan-Kegel am Ring einer riesigen, wassergefüllten Caldera. Salopp ausgedrückt haben sich hier frühere Vulkane die Gipfel weggesprengt und einen über 300 Meter tiefen Krater mit 46 Kilometern Umfang hinterlassen, in dem sich heute der Towada-See befindet. Glasklar, blau leuchtend, umgeben von den teilweise über 1.000 Meter hohen Wänden der Caldera. Die schmale Straße schlängelt sich selbstvergessen durch dichtes, feuchtes Grün; dass diese Welt auf dem Feuer des Erdinneren wächst, ist kaum zu glauben. Die Gebirgszüge des Towada-Hachimantai liegen wie eine natürliche Barriere zwischen den Klimazonen Aomoris und sobald wir auf der Ostseite angelangt sind, begrüßt uns der Pazifik mit einer frischen Brise. Die Luft ist herb und salzig, wir spüren förmlich, wie die Weite des Meeres in die Landschaft drängt. Hachinohe, unser Tagesziel, zeigt uns die pragmatische Seite Japans: Keine in den Himmel ragenden Hochhäuser, keine historischen Monumente – nur eine Hafenstadt, in der die Arbeit das Leben bestimmt. Tourismus? Kaum zu spüren. Der Fokus

> **Doch auch der Herbst hat hier seine eigene Magie. Die Farben des Laubs – leuchtendes Gelb, tiefes Rot, warmes Braun – könnten einem Gemälde entsprungen sein. Zwischen den Bäumen erhebt sich die Burg mit ihren geschwungenen Pagoden-Dächern und wirkt wie ein Zeitreisender, der es nicht zurück in seine Epoche geschafft hat.**

> **鮮やかな黄色、深紅、温かみのある茶色に染まった葉は、絵画からそのまま飛び出してきたようだ。木々の間から頭を突き出すこの城は、曲線を描く塔型の櫓が特徴的だ。櫓自体がその時代に戻ることができないタイムトラベラーのように見える**

だ。ヘルメットも同じカラーリングで塗装されている。まるで柔術の師匠がフロー状態に入っているような様子だ。しなやかなばねのように、穏やかに、パワフルに。まるで数十年これ以外のことはしていなかったかのように。実際そうなのかもしれない。この師匠は走っているのではない、フローに乗っているのだ。精確なターン、バランスとハーモニーの世界に心身を託して。圧倒されたのはその速さではない。カーブ、傾斜角度、加速度というリズムに織り込まれた、落ち着き払った彼の動き、そして官能的とまで言える絶対的なコントロールだ。まるで完璧なダンスを見ているような気分にさせる。畏敬の念に襲われながら彼を後ろから見守る。彼に比べたら、自分たちの運転は粗雑で、平凡で、陳腐なものに見えてくる。ヘアピンカーブの手前でフェアリングからかすかに腰が上がり、体を緊張させ、それでも落ち着いた様子で、ミリ単位で精確にコーナリングを決める。彼が息を吐き出し、緊張感が解き放たれていることが感じ取れる。カーブの頂点で一息。ちょっと力を抜いて、息を吸い、エネルギーを貯めて、スロットルを回し、マシンを軽やかな動きで直線に入れる。そしてそれを繰り返していく。

頂上まで登るリフトがある津軽岩木スカイラインの最終地点まで登り切った。そこで師匠がヘルメットを脱ぐ。70代の細身の男性だ。目を輝かせながら流ちょうな英語を話すハルトは、今しがた披露してもらった素晴らしいライドを絶賛すると、控えめにうなずき、薄っすらと嬉しそうな笑みを浮かべる。「どうやったらあんなに軽やかにマシンをコントロールできるんですか？この技はどこで習ったのですか？」どんな答え

ZAO ECHO LINE
蔵王エコーライン

HONSHŪ

ROUTE AS GPX FILE

Time 11h

**CURVES JAPAN:
ENGLISH TEXT**

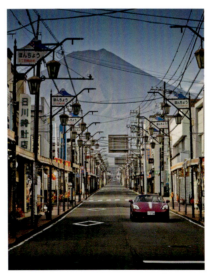

CURVES
— MAGAZIN EST. 2011 —
soulful driving

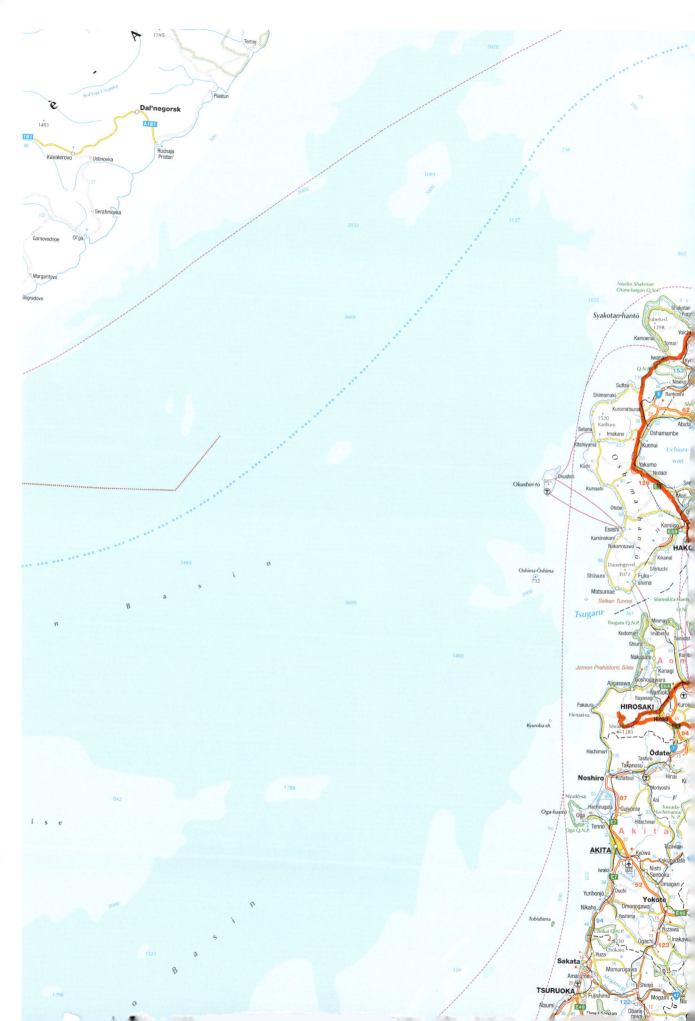

liegt auf Fischerei, Industrie und einem Leben, das sich eher einer bodenständig-zweckmäßigen Lebenswirklichkeit verschrieben hat als ätherischen Ritualen. Besonders unverblümt zeigt Hachinohe das im Miroku Yokocho, einem verwinkelten Gassensystem voller winziger Kneipen. Höfliche Verbeugungen oder zurückhaltend taxierende Blicke sind nicht Sache dieser Ecke, stattdessen beben die Restaurants von Stimmen und Gelächter, dem Klirren der Gläsern und der Duft von in würziger Sojasauce gegrilltem Fisch überwältigt uns mit einer harten, rechten Umami-Geraden. Klitzekleine Bars verführen zur Begegnung mit der eigenen Klaustrophobie, aber die umwerfende Herzlichkeit der Menschen lässt diese Räume einen Moment später wieder so groß wie das Universum sein. Einheimische heben ihre Gläser in unsere Richtung, brüllen ebenso ausgelassen, wie unverständlich irgendwelche deftig klingenden Trinksprüche herüber und wir prosten im Trubel begeistert zurück. Bunte Häppchen landen wie von Zauberhand auf unserem Tisch, bestellt haben wir die nicht immer – verschlingen sie trotzdem und stören uns beim späteren Bezahlen der überraschend langen Rechnung kein bisschen an dieser mit kumpeliger Brechstange geführten Gastfreundschaft. Unsere Neugier führt uns schließlich in ein Restaurant das Hachinohe Sembei Shiru serviert, eine deftige Suppe mit Fisch und Reiskräckern. Der Geschmack erinnert uns an die salzigen Küsten Nordeuropas, doch die Kombination der Aromen bleibt einzigartig japanisch. Es ist das perfekte Gericht für die kühle Meeresluft.

Der nächste Morgen beginnt früh, sehr früh. Am Tatehana-Pier erwacht der Markt schon um fünf Uhr, bedrängt unsere Sinne mit sich windenden Meeresfrüchten, fühlertastendem Krebs-Getier und kuriosen Fisch-Spezies, die mit glasigen Augen von dicken Eispackungen glotzen. Bereit fürs Frühstück? – Vorhin schon, jetzt sieht die Sache eher bedrohlich aus. An einem der Stände legt man uns Meeresfrüchte auf den dampfenden Reis in einer großen Donburi-Schale, wir schnappen stäbchenweise entschlossen nach Muscheln und Schnecken, schlürfen zwischendurch erleichtert

HOTELS

SENDAI ROYAL PARK HOTEL
IZUMI-KU TERAOKA 6-2-1
IZUMI WARD, SENDAI 981-3204
WWW.SRPH.CO.JP

が返ってくるかワクワクだ。ハルトはまたにっこりと笑みを浮かべる。人差し指をあげてこう言う。「忍耐ですよ」と。バイク歴50年のハルトは乗るたびに新しいことを学んでいると言う。「コツや秘訣なんてないよ」とレザーに身を包んだ師匠が彼の実践主義を説明してくれる。「動きが第二の本能になるまでとにかく繰り返して、道を体で感じること」。私たちは深くお辞儀をしてアリガトウ、と言った。日本語の感謝の言葉だ。これじゃ敵わない、そんな気持ちでワイルドな空の下、山、谷、彼方に目を向ける。

ハルトが彼のナビゲーションシステムからいくつか見所を教えてくれたので、それに従って400年以上の歴史がある弘前城にある公園に立ち寄った。毎年春になると桜が咲き乱れる名所だが、秋には秋らしい魔法が散りばめられている。鮮やかな黄色、深紅、温かみのある茶色に染まった葉は、絵画からそのまま飛び出してきたようだ。木々の間から頭を突き出すこの城は、曲線を描く塔型の櫓が特徴的だ。櫓自体がその時代に戻ることができないタイムトラベラーのように見える。静寂に包まれた公園内をのんびりと散歩する。岩木で走った手に汗握るヘアピンカーブのドライブとは全くの別世界だ。

私たちは仙台に下るために本州の東海岸沿いのルートを選んだ。そのルートに向かう道中、大きな地質学的現象を体験できるからだ。十和田八幡平国立公園内のルートは、巨大なカルデラ湖、十和田湖へとまっすぐ進む。十和田湖とは、簡単に言ってしまえば、かつての火山が噴火でその頂点を吹き飛ばし、そこに深さ300メートル以上、周囲長46キロメートルのカルデラが形成され、そこに水が溜まりできた湖だ。水晶のように青く澄み切ったこの湖は、場所によっては高さ1,000メートルのカルデラの壁に囲まれている。狭い道は、鬱蒼と茂った瑞々しい緑の中をただやたらに蛇行している。この世界の下、地球の奥深くに炎が燃えているこのなど想像もつかない。十和田・八幡平の山々は青森の気候帯を隔てる自然の壁になっている。バリアの向こう、東側に来ると太平洋が爽やかな風で私たちを迎えてくれる。空気はツンと塩辛く、広大な海が風景に向かって押し寄せてくるかのようだ。

この日のゴールである八戸は、日本の現実的な一面を見せてくれる場所だ。高層ビルがそびえ立つわけでもなく、歴史的なモニュメントがあるわけでもない。仕事と生活。それが中心の普通の港町だ。観光？そんなものは見当たらない。この町を動かしているのは漁業、産業、そして人々の人生は地に足の着いた現実に捧げられている。神秘的な美学、そんな場所ではない。特に、小さな固定屋台がひしめく曲がりくねった小さな通り、みろく横丁はそれを生々しく体験できる場所だ。丁寧なお辞儀や、控えめに投げかけられる視線は、この横丁にはそぐわない。話し声と笑い声が屋台を揺さぶり、ガチャガチャとグラ

ZAO ECHO LINE
蔵王 エコーライン

OKAMA ROUTE 12
御釜宮城県12号

BANDAI AZUMA SKYLINE
磐梯吾妻スカイライン

BANDAI AZUMA SKYLINE
磐梯吾妻スカイライン

die heiße Dashi-Brühe. Zu Hause würde es jetzt eine Tasse Kaffee geben, mit Croissant und Bircher Müsli, aber das ist Tausende Flug-Kilometer entfernt ... Mit vollen Bäuchen, neuen Eindrücken und einer Ahnung von flauem Gefühl im Magen setzen wir unsere Reise nach Süden fort, immer der Küste entlang. Die Straße schwingt in grünen Seitentälern, huscht vorbei an den kargen Häusern kleiner Siedlungen und platzt dann immer wieder ganz plötzlich hinein ins herrliche Panorama der Küstenlinie: Dunkelbraune Klippen ragen aus dem Meer, der Pazifik schäumt an ihren Sockeln und oben neigen sich schüttere Bäume mit in Jahrzehnten vom Seewind zurechtgeföhnten Kronen in einen imaginären Sturm. Wie die alten japanischen Aquarell- und Tuschezeichnungen sieht das aus, filigran und lieblich, wunderschön. Nach guten fünf Stunden erreichen wir dann die grüne Stadt Sendai – die „Stadt der Bäume". Überall spenden Bäume Schatten und umrahmen die Straßen mit einem natürlichen Grün, das selbst im November noch Kraft hat. Wir schlendern durch die Alleen und denken an das Tanabata-Festival im Sommer, bei dem Wünsche auf bunten Papierstreifen an Bambuszweigen hängen – ein leuchtendes Symbol für Hoffnung und Träume.

Die hat das Land entlang der weiteren Route immer noch nötig: Seit dem verheerenden Tōhoku-Seebeben vom 11. März 2011 und dem dadurch ausgelösten Tsunami steht der Name Fukushima hauptsächlich für die folgenden Katastrophen-Störfälle am Kernkraftwerk Fukushima-Daiichi. Dass die Naturkatastrophen des Erdbebens und der Tsunami-Wellen damals schwerste Verwüstungen angerichtet haben, ist heute beinahe vergessen und auch die über 20.000 Todesopfer finden außerhalb Japans kaum noch Erwähnung. Es ist das unsichtbar Unkalkulierbare der ausgetretenen radioaktiven Strahlung, die Menschen auf der ganzen Welt bis heute bedrohlich scheint. Fukushima hat die Welt verändert. – Bevor wir aber ins Gebiet der gleichnamigen Präfek-

スの音が聞こえ、醤油で焼かれた魚の強烈な香り、ストレートな"うま味"が私たちをノックアウトする。閉所恐怖症の発作を起こしてしまうのでは、と心配になるほど小さいバーが、信じられないほど温かみのある人々との出会いで瞬く間に宇宙のように大きな空間に変わる。地元の人々は私たちに向かって理解できない言葉で豪快にグラスを掲げ、私たちは喧噪の中で乾杯を返す。色とりどりの小さなお皿がいくつも、まるで魔法のように私たちのテーブルに運ばれてくる。注文していないものもあるようだが、とにかく平らげてしまう。ちょっと強引なおもてなしだがまあ、楽しい。驚くほど長いお勘定書が来たときも、気持ちよく支払った。好奇心に駆られ、魚と煎餅が入ったスープ、八戸せんべい汁の店に行くことになった。その味は北欧の海岸の潮風を思い起こさせるが、味の微妙な組み合わせは紛れもなく日本の味だ。ひんやりとした海の風にぴったりの料理だ。

翌朝は早起き。館鼻桟橋では、5時になると市場が目を覚まし、活きの良いシーフード、触覚を振る甲殻類、氷がびっしり張られた箱から澄んだ目で私たちを見つめる魚たちが私たちの五感を襲う。朝ごはんの時間？そろそろとは思っていたが、食欲がもりもりと湧いてきた。屋台のひとつで、湯気の立つご飯の上に魚介類が盛られたどんぶりを注文する。ホッと暖かい汁物をすすりながら魚介類を箸で一つ一つつまむ。自分の家ではクロワッサン、フルーツとナッツが入ったミューズリーにコーヒーを一杯飲んでいることだろう。何千キロも離れたところにいることを実感する。満腹、心に残った市場からのイメージ、胃のむかつきを少し感じながら、常に海岸線を沿って南下する。聳える緑を両側に谷間を抜け、家々がぽつぽつとまばらにある小さな集落をいくつか通り過ぎると、突然、海岸線に素晴らしいパノラマが現れる。海から悠然とそびえるこげ茶色の崖の下には太平洋が泡を吹きながら打ち寄せる。崖の上には何十年もその樹冠に海風受け、吹いてもいない嵐に向かって身を乗り出すかのような姿勢の木々がまばらに見える。日本の水彩画や墨絵のように、繊細で、風情があり、美しい。

約5時間後、緑豊かな「杜の都」、仙台に到着する。街路樹がいたるところで日陰を作り、11月だというのにまだ元気な緑色で街路を縁取っている。通りを散歩しながら、この地で夏に開催される七夕祭りに思いを馳せる。笹に願い事を記した色とりどりの短冊を飾る祭り、夢や希望をキラキラと象徴する祭りだ。夢や希望はこれから進むルートには今でも必要なものだ。2011年3月11日に発生した東北地方太平洋沖地震とそれに伴う大津波以来、福島と

HOTEL & RESTAURANT

EN RESORT GRANDECO HOTEL
HIBARA ARASUNASAWAYAMA 1082
KITASHIOBARA 969-2701
WWW. RESORT.EN-HOTEL.COM

BANDAI AZUMA SKYLINE
磐梯吾妻スカイライン

BANDAI AZUMA SKYLINE
磐梯吾妻スカイライン

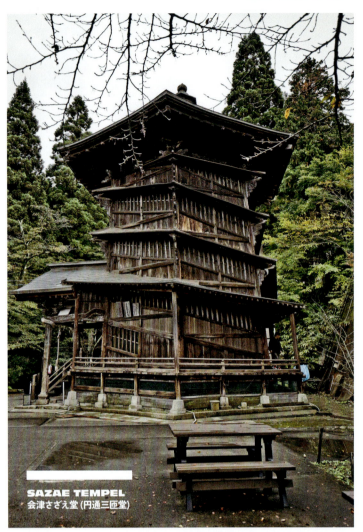

SAZAE TEMPEL
会津さざえ堂 (円通三匝堂)

BURG AIZU-WAKAMATSU
(若松城)

JAPAN / 日本

> Hier, tief im Wald, finden wir ein Naturspektakel, das wie ein sanftes Gegengewicht zur Melancholie Fukushimas wirkt. Wasserfälle, die sich über steile Felsen stürzen, und Bäume, die jede denkbare Herbstfarbe zeigen, bestürmen uns mit eindringlicher Ruhe.

tur hineinfahren, schlagen wir hinter Sendai einen weiten Bogen in die Berge im Westen. Ziehen über den Sasaya-Pass hinter Kawasaki bis hinüber nach Yamagata und schlagen dann einen Bogen zurück zum Zaō-Vulkan. Die Straße kurvt hektisch unterhalb des Okama-Kratersees hindurch, selbst jetzt im Herbst haben sich in der Höhe des Bergs Schneeflecken in den schattigsten Winkeln gehalten, ein kalter Wind pfeift über die Höhen. Im Flusstal des Matsu ziehen wir dann nach Süden, jetzt geht es über die Grenze nach Fukushima. Der Reiz ist groß: runter ans Meer fahren, zur Sperrzone rund um das Kernkraftwerk fahren oder in die verwaisten Orte, in die auch weit über ein Jahrzehnt nach der Katastrophe nur wenige Bewohner zurückgekehrt sind. Aber dann ist uns dieser voyeuristische Reflex auch vor uns selbst etwas peinlich – vielleicht lassen wir das besser. Und fahren stattdessen zurück in die Berge. Übers Massiv des Issaikyo, Adatara und Azuma-Kofuji, und dann im Tal des Nojiri nach Süden. Ein Flickenteppich aus geometrisch angelegten Reisefeldern begleitet den kleinen Fluss, bis hinauf zu seiner Quelle in den Bergen. Hinter denen liegt auch das Ziel unserer Etappe: Über Minamiaizu gelangen wir durch den Nikkō-Naturpark nach Nikkō.

Hier, tief im Wald, finden wir ein Naturspektakel, das wie ein sanftes Gegengewicht zur Melancholie Fukushimas wirkt. Wasserfälle, die sich über steile Felsen stürzen, und Bäume, die jede denkbare Herbstfarbe zeigen, bestürmen uns mit eindringlicher Ruhe. Der feine Nebel der Wasserfälle legt sich auf unsere Gesichter und wir stehen schweigend da, während die Welt um uns herum langsam, tief ein- und ausatmet. Fast instinktiv greifen wir zu den Plastikregenschirmen, die wir in Aomori bekommen haben. Lächelnd denken wir an die Begegnung im Regen, dann spannen wir die Schirme auf.

平穏がひしひしと私たちの体に染み込んでくる。滝からの水が霞のように私たちの顔に降りかかり、私たちは沈黙でそこに立つすくむ。まわりでは自然がゆっくり深呼吸している。

いう地名は主に福島第一原子力発電所で発生した大惨事の同義語になっている。地震と津波という自然災害がもたらしたこの惨事、今日ではまるで忘れ去られてしまったかのようだ。2万人を超える死者が出たことさえも日本以外ではほとんど語られなくなった。今日世界中の人々の記憶に残っているのは、流出した放射性物質の目に見えない脅威のみなのかもしれない。福島は世界を変えた。しかし、福島県に入る前に、仙台から西の山間部へと大きくカーブを切る。宮城川崎の向こうにある笹谷峠を越えて山形、そして蔵王山に向かう。この道は火口湖、「蔵王の御釜」の下を蛇行して走る。まだ秋だというのに日陰には雪がちらほらと舞い、冷たい風が吹き抜けていく。その後、松川の峡谷を南下し、県境を越えて福島に向かう。海まで、立ち入り禁止区域まで行って原子力発電所の周りを走りたい、震災から10年以上たった今でもほんの一握りの住民しか戻ってきていない近隣の村々を見てみたい、そんな強い欲求に駆られる。しかし、そんな野次馬根性が湧いてきたこと自体に恥ずかしさを感じる。やめておこう。その代わりに山に戻る。一切経山、吾妻小富士、安達太良山を経て、野尻川の渓谷を南下する。この小さな川は、山の中にあるその源流まで、幾何学模様のパッチワークのように広がる稲田に囲まれている。この区間のゴールはその山の向こうだ。南会津を経由し、日光自然公園を走り日光へ。

この森の奥深くに、私たちは福島で感傷的になった心を、明るく、穏やかにしてくれる自然の光景を見つける。険しい崖から流れ落ちる滝や、信じられないほどのグラデーションで秋の色を見せる木々。平穏がひしひしと私たちの体に染み込んでくる。滝からの水が霞のように私たちの顔に降りかかり、私たちは沈黙でそこに立つすくむ。まわりでは自然がゆっくり深呼吸している。ほとんど本能的に、青森で手渡されたビニール傘に手を伸ばす。傘をさす。あの雨の日の出会いを思い起こし、口元に笑みが浮かぶ。

HOTEL & RESTAURANT

THE RITZ-CARLTON NIKKO
2482 CHUGUSHI
NIKKO, TOCHIGI 321-1661
WWW.RITZCARLTON.COM

AOMORI NIKKO 青森 日光

Geschützt im Inneren der großen Mutsu-Bucht liegt Aomori. Von hier aus starten wir in unsere erste Etappe auf der Reise über die japanische Hauptinsel Honshū. Der Norden Honshūs ist geprägt von bewaldetem Bergland, nur wenige Ebenen machen Raum für Stadtgebiete. Die Höhenlagen mit ihren Bergkegeln sind vulkanischen Ursprungs, mächtige Vulkanberge wie der Iwaki oder Ōdake im Hakkōda-Gebirge ihre Hauptdarsteller. Oft finden sich in den Kratern uralter, erloschener Vulkane aber auch kreisrunde Seen und das Baden in heißen Quellen, sogenannten Onsen, die tief aus der kochenden Erde gespeist werden, gehört zur Alltagskultur. Unsere Route führt zuerst nach Westen, zur herrlichen Serpentinenbahn am Kegel des Iwaki und danach quer über das Gebirge im Towada-Hachimantai-Nationalpark nach Westen, bis an den offenen Pazifik bei Hachinohe. Von hier aus orientieren wir uns an der Küste entlang, rollen über die kurvigen Straßen auf Klippen und in malerischen Buchten immer weiter nach Süden. Erst bei der Millionenstadt Sendai zieht es uns zurück ins Landesinnere, das wilde Gebiet rund um den Vulkan Zaō zieht uns an. Weiter geht es über die gleichnamige Hauptstadt der Präfektur Fukushima, wieder zurück in die Berge und dann dort auf kleinen Straßen nach Süden. Mit der Grenze zur Präfektur Tochigi erreichen wir den Nikkō-Nationalpark und dort unser Etappenziel.

—

青森は大きな陸奥湾の中央に位置する。ここが日本の本州を縦断する旅のスタート地点だ。本州北部は森林に覆われた山が多く、市街地に適した平野の面積は小さい。標高の高い山々は本来火山であり、その中でも主役は八甲田山に属する岩木山や大岳山などの巨大な山々だ。古代の死火山の火口にはしばしば円形の湖もあり、湧き出る温泉はこの地方の日常文化の一部でもある。私たちのルートは、まず西に向かい、岩木にある壮大なつづら折れのスカイラインを走り、十和田八幡平国立公園の山々を越え西に向かい、八戸へ、大きな太平洋へと進む。ここからは海岸沿いを走り、崖の上や絵のように美しい入り江の曲がりくねった道をどんどん南下していく。大都市仙台に到着すると、また、蔵王火山周辺、内陸に引き戻される。福島県福島市を通過し、また山に戻って狭い道を南下する。県境を越えて栃木県に入り、この区間の目的地である日光国立公園に到着する。

1.070 KM • 4-5 TAGE // 667 MILES • 4-5 DAYS // 1.070 KM • 4-5 日間 // 667 マイル • 4-5 日間

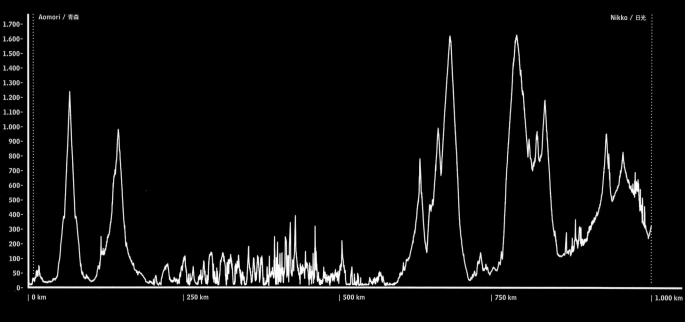

SCHREINE UND TEMPEL IN NIKKO
日光の社寺

JAPAN / 日本

NIKKO TAKAYAMA
日光 高山

650 KM • 3-4 TAGE // 403 MILES • 3-4 DAYS // 650 KM • 3-4 日間 // 403 マイル • 3-4 日間

Nikkō, das ist japanisches Herz-Land. Die Stadt liegt am äußersten Rand der Reichweite Tokyos, die Millionen-Metropolregion sendet ihre urbanen Ausläufer rund 150 Kilometer weit herauf. Bis dort unten wird man keine unbewohnte Gegend mehr finden, Nikkō ist sozusagen ein letzter Außenposten der Natur. Und Nikkō hat Tradition: Als unmittelbar im Besitz der Tokugawa-Shōgune befindliche Stadt ist Nikkō tief verwurzelt in der größeren Geschichte Japans.

—

日光、ここは日本のハートランドだ。何百万人もの人々が住む首都圏は、150キロもその裾を広げている。つまり日光は東京の裾のような場所だ。東京からこのエリアまで、人が住んでいない場所など見当たらない。日光はいわば自然の境界線のような場所でもある。日光には伝統がある。徳川将軍の幕府直轄領であった日光は、日本の歴史をたっぷりと感じさせる場所だ。

SCHREINE UND TEMPEL IN NIKKO
日光の社寺

RESTAURANT

GRILL & STEAK MYOGETSUBO
2381 SANNAI, NIKKO
TOCHIGI 321-1431

Die Urne des „Reichseinigers" Tokugawa Ieyasu liegt im Mausoleum Nikkō Tōshō-gū, das selbst Hunderte Jahre nach seiner Erbauung Besucher noch tief in eine spirituelle Welt hineinzieht: Die Anmut der Pagodendächer, überbordende Symbolvielfalt und Dekorationsliebe, die Wesenheiten des Shinto-Glaubens, organisches Chaos und logische Symmetrie finden hier anrührend zusammen. Der Turm des Gojūnotō zwingt einen mit seinen üppigen Schnitzereien und der aufragenden Dominanz beinahe ehrfürchtig in die Knie, die von Fabelwesen und Dämonen bewachten Tore entlang der Wege strahlen eine zwingende Autorität aus.

Nach dem Besuch der Schreine und Wunder Nikkōs sind wir nicht bereit, uns in den dichten Verkehr des modernen Japans einzureihen, uns steht der Sinn nach dem einfachen, naturschönen Japan und seinen Landschaften. Wir haben nach den ersten Tagen unserer Reise immer wieder viel zu verarbeiten, auch das schreit nach Rückzug. Japan hat uns schon vieles gelehrt: die Pünktlichkeit der Bahn, die Kraft der Geduld und nicht zuletzt, wie wenig wir eigentlich über Höflichkeit wissen. Die wird hier in berührender Tiefe gelebt, und beginnt oft mit kleinen Gesten, die zunächst skurril erscheinen: Frühaufsteher sollen zum Beispiel bei der Ankunft am Arbeitsplatz absichtlich weiter entfernt parken, damit die weniger gut organisierten Kollegen näher am Eingang stehen können und es vielleicht doch noch rechtzeitig ins Büro schaffen. Wir fühlen uns ertappt. Unsere Devise? – Fahre vor den Eingang und kämpfe dort um den besten Platz. Aber hier, in diesem Land, wo jede Geste eine Bedeutung hat, spüren wir: Höflichkeit muss keine altbackene Anekdote sein, sondern Realität. Vielleicht sollten wir uns eine Scheibe davon abschneiden. Nicht, weil es uns etwas nützt oder irgendwann individuelle Vorteile entfaltet, sondern weil so eine Höflichkeit Sinn ergibt. Um ihrer selbst willen. Mal darüber nachdenken.

Zum Beispiel auf unserer Route ab Senoo-Nikkō, wo die Natur sich selbst inszeniert: das Rot, Gold und Orange der Herbstblätter explodiert förmlich in der späten Sonne, die zu dieser Jahreszeit flirrend und warm gleißend durch die Baumkronen bricht. Die Straße darunter ist nur eine schmale Asphaltspur. Sie

天下統一を成し遂げた徳川家康の骨壺が安置されている日光東照宮は、建立から数百年経った今でも、訪れる者をスピリチュアルな世界へと奥深く誘い込む。塔を飾る優美な屋根、ここかしこに見える様々なシンボル（象徴）、愛情たっぷりに仕上げられた装飾、神道信仰、自然の混沌、完璧なシメトリーが、ここに結集し人々を感動させる。五重塔は、その見事な彫刻と天に高く伸びるその存在感で人々を圧倒し、神話上の生き物や悪魔に守られた門は堂々たる威厳を放っている。

日光の神社、そしてその魔法を体験した後に、浮世の交通渋滞になど入っていきたくない。もう少し日本の素朴な自然の美しさや風景を愉しみたい。旅の最初の数日間を完走した私たちの頭の中は処理したいもので一杯になっている。だから頭もどこか静かな場所に行きたがっている。日本はすでに私たちに多くのことを教えてくれた。定刻通りに走る電車、辛抱強さ、そして何より、自分たち西洋人がいかに礼儀について鈍感であるかを。この国の人々の礼儀は骨の髄まで染み込んでいるものだ。そしてそれはしばしば奇妙に感じられるちょっとしたジェスチャーで始まる。例えば、朝早く出勤した人は、入口から一番離れた場所にクルマを駐車する。入り口の近くのスペースを空けておいてあげれば、朝が苦手な同僚でもギリギリセーフで定刻に出勤できるかもしれないから。ちょっと恥ずかしい気分になる。西洋のモットーは？入口付近まで直行し、他の人にとられる前にすかさず一番良いスペースに走り込む、それが西洋だ。しかし、この国では一つ一つのジェスチャーには意味がある。礼儀は決められたルールではなく、現実で実践されている思いやりだ。見習うべきなのかもしれない。利益をもたらすからとか、個人的に得をするとかではなく、礼儀とは理に適ったものだから。礼儀という概念自体をちょっと考えてみなくては。

例えば、自然それ自体が自らを演出している日光の瀬の尾からルートを走りながら。この季節、紅葉の赤、金、オレンジが梢から暖かく差し込む午後の太陽に照らし出され、まさに胸を打つような壮観を見せてくれる。その下を走る道は細いアスファルトの舗装路だ。まるで筆を走らせるように、この道が溢れかえる色彩の間を縫っていく。私たちは？リズムに乗って走る。東に向かい、絵に描いたような風景に溶け込む男体山、日光白根山、谷川岳といった堂々たる山々を通り過ぎながら、静かに誇らしげな気分になる。「自然に逃げて来て正解」と。道路の左右にある木々は、まるでカーブのたびにドライバーの目の前の景色をガラリと変えてやろう、と意気込んでいるかのようだ。道から遠くの山々が見えることがあれば、万華鏡のように色とりどりの紅葉に満ちた森の中を走ることもある。クルマはこの舗装路で完璧なバランスを保ち、ステアリングホイールの動きはまるで超能力のようにタイヤに伝わっていく。方向を示すのはドライバー、リズムを決めるのは道路、そんなダンスだ。

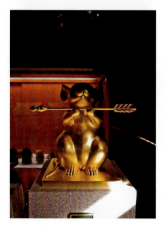

IROHA-ZAKA SLOPING ROAD ROUTE 120
いろは坂 国道120号

IROHA-ZAKA SLOPING ROAD ROUTE 120
いろは坂 国道120号

JAPAN / 日本

windet sich durch diese Farbenflut wie ein Pinselstrich. Und wir? – Folgen dem Rhythmus. Es geht nach Osten und spätestens, als wir an den imposanten Bergen Nantai, Nikko-Shirane und Tanigawa vorbeifahren, die malerisch in die Landschaft eingebettet sind, klopfen wir uns gedanklich auf die Schulter und rufen leise „alles richtig gemacht". – Die Bäume links und rechts der Straße scheinen sich der Straße in absichtlichem Eigensinn entgegengestellt zu haben, mit der Absicht durch jede Kurve und Kehre die Perspektive unseres Blicks zu verändern. Manchmal gibt die Straße den Blick auf die Berge frei, manchmal auf einen dichten Wald, der in allen erdenklichen Herbstfarben glüht. Das Auto liegt perfekt balanciert auf dem Asphalt, jeder Impuls am Lenkrad überträgt sich fast übersinnlich. Es ist ein Tanz, bei dem wir die Richtung vorgeben und die Straße den Takt bestimmt. Die Strecke ist purer Genuss. Sie streckt sich weitreichend durch die Landschaft und am Horizont zeichnen sich majestätische Bergketten ab.

Dann stoppen wir an einer Michi-no-Eki – eine der japanischen Raststätten, in denen sich moderne Funktionalität mit traditionellem Charme verbindet: ein kleines Holzgebäude, ein paar Verkaufsstände, ein Getränkeautomat. Und dann sehen wir sie: eine ältere Dame, die am Rand des Parkplatzes einige Dehnungsübungen macht. Ihre Bewegungen wirken wie ein Ritual, ruhig und präzise. Sie klopft sich rhythmisch mit den Fäusten ab, vom Kopf bis zu den Füßen. Es scheint, als würde die Umgebung sie umarmen: der Blick in die Ferne, das leise Rascheln der Blätter im Wind. Als sie unsere verstohlene Neugier bemerkt, schmunzelt sie amüsiert. Winkt uns mit einer elfenhaften, zierlichen Bewegung heran und beginnt uns dann sofort auszufragen: Woher? Wohin? – Und dann bekommen wir mit dem unverstellten Sendungsbewusstsein vieler Senioren erklärt, dass Keiko Sato, 84, seit fünfzig Jahren jeden Tag genau so ihre Mittagspause verbringt. Mit einem fünfzig Jahre andauernden Ritual, das Energie und Frische schenkt. Jetzt sind wir aufrichtig verblüfft. Und ertappen uns dabei, wie wir dieses unverhoffte Geschenk in unser eigenes Unterwegssein über die Straßen der Jahrzehnte einbauen könnten. Dumm nur, dass wir es wohl kaum

Es geht nach Osten und spätestens, als wir an den imposanten Bergen Nantai, Nikko-Shirane und Tanigawa vorbeifahren, die malerisch in die Landschaft eingebettet sind, klopfen wir uns gedanklich auf die Schulter und rufen leise „alles richtig gemacht"

私たちは？リズムに乗って走る。東に向かい、絵に描いたような風景に溶け込む男体山、日光白根山、谷川岳といった堂々たる山々を通り過ぎながら、静かに誇らしげな気分になる。「自然に逃げて来て正解」と。

走っているだけで純粋な喜びが湧き溢れるルートだ。この道で美しい景色を貫きながら前進すると、地平線の向こうから雄大な山脈が迫ってきた道の駅に立ち寄る。道の駅とは近代的な設備が整った、伝統の魅力たっぷりの休憩所だ。小さな木造の建物、数軒の売店、飲み物の自動販売機などがある。その駐車場の端に、ストレッチ体操をしている老婦人を見かける。まるである儀式の作法のように落ち着きのある精確な動きで体を伸ばしている。握った拳でリズミカルに、頭から足までぽんぽんと叩いている。遠くまで見渡せる景色、風にそよぐ木の葉のざわめき、彼女はそんな自然に優しく包み込まれているように見える。

好奇心たっぷりに見つめる私たちに気付くと、いかにも可笑しそうに笑う。妖精のような華奢な動きで、私たちに向かって手を振ると、質問で攻めてくる。どこから来たの？どこへ行くの？そして、彼女、サトウ・ケイコ（84歳）は、50年間、毎日昼休みにこの体操をし続けてきたのだと話してくれる。他に出会った多くの高齢者同様、まっすぐな使命感が感じられる。そう、エネルギーを与えてリフレッシュさせてくれるこの儀式は50年も続いているのだ。本当に感心せざるを得ない。この思いがけなく学んだ良い習慣を、自分たちのこれから何十年もの旅に取り入れることができるかも、などと考えている自分たちに気付く。50年という歳月自体が無理なのでは？ケイコに心を読まれたようだ。「いつでも始められるよ。いつ始めたって遅すぎるなんてことはないよ」。そしてケイコが、もっとインサイダーな知識を学びたがっている私たち旅行者に、もうひとつアドバイスをしてくれた。「湯沢に行ったら、私の昔の同僚のヤマモト・ヒロシを訪ねてごらん。喜んで街の案内をしてくれるよ。色々と説明もしてくれる。私みたいな恥ずかしがり屋じゃないから」とケイコはくすくす笑い、頬を赤くして下を向く。

HOTEL & RESTAURANT

YUKINOHANA
317-1 YUZAWA,
MINAMIUONUMA DISTRICT,
NIIGATA 949-6101
WWW.DORMY-HOTELS.COM

BENICHOU
318-14 YUZAWA,
MINAMIUONUMA DISTRICT,
NIIGATA 949-6101

ROUTE 120
国道120号

ROUTE 120
国道120号

YOKOTE SUMMIT ROUTE 292
横手山国道292号

YOKOTE SUMMIT ROUTE 292
横手山国道292号

noch auf eine 50-jährige Tradition schaffen werden. Keiko scheint Gedanken lesen zu können: „Man kann auch später damit beginnen, eigentlich immer, es ist nie zu spät." – Und Keiko hält einen zusätzlichen Ratschlag bereit, der uns so offensichtlich lernbegierigen Japan-Reisenden weiteres Insiderwissen verschaffen soll: „Trefft euch in Yuzawa mit einem alten Kollegen, Hiroshi Yamamoto zeigt euch bestimmt gern die Stadt und erklärt auch gern. Anders als ich ist er nicht so schüchtern ..." – Keiko kichert, ihre Augenlider flattern kokett nach unten, ein sanftes Rot überzuckert ihre Wangen. Wir akzeptieren überrumpelt und begeistert. Japan. Immer wieder eine Überraschung.

Auf der Strecke nach Yuzawa verfassen wir ein weiteres Kapitel unserer großen Liebeserklärung ans Fahren. Die Straße schmiegt sich mild und stürmisch zugleich in die Hügel, taucht mit großer Geste in Wälder ein, die wie Gemälde wirken, und zappelt sich dann wieder in weiten Tälern frei. Jede Kurve ist wie der Takt einer Symphonie mit immer neuen Themen: mal ein lang geschwungener Kurvenbogen, dann ein enges Karussell, das Crescendo einer Serie von Kehren oder das Stakkato harter Richtungswechsel. Auf der Strecke entlang des Uono-Flusses wird aus oberflächlicher Verliebtheit innige Liebe: Der Fluss, flankiert von dichten Wäldern, glitzert im Sonnenlicht, und die Straße folgt seinem Verlauf wie eine verspielte Linie, die nie ganz gerade sein will. Hier wird jede Kurve zur Herausforderung, denn die engen Kehren und überraschenden Gefälle sind nur mit präziser Koordination zu meistern: Lenkwinkel, Gaspedalstellung und die richtige Dosierung der Bremse fordern gekonnte Synchronisierung, im Schmelzpunkt der Perfektion entsteht befriedigender Flow. Doch es ist nicht nur der technische Anspruch, der uns begeistert, sondern die zarte Anmut dieser Landschaft. Und an ihrem Ende liegt Yuzawa, eingebettet zwischen zwei Bergketten, als wäre die Stadt ein natürliches Amphitheater.

Wir treffen Hiroshi Yamamoto vor einem kleinen Kaffeehaus. Der Mann, den Keiko uns ans Herz gelegt hat, könnte direkt aus einem alten Schwarz-Weiß-Film stammen: perfekt gebügelter Anzug, silbergraues Haar, eine Haltung, die selbst in ganz gewöhnlichen Alltagsmomenten Disziplin und Eleganz ausstrahlt. Er verbeugt sich tief und bittet uns dann mit einer präzise geschwungenen Handbewegung Platz zu nehmen. Yamamoto-san wirkt wie ein Mann, der die Zeit in der Tasche trägt – präzise, aufgeräumt und kontrolliert. Er lässt die Hände am Revers seines Anzugs hinuntergleiten: „Man sollte vorbereitet sein, sobald man das Haus verlässt", zwinkert Hiroshi uns zu und rezitiert dann: „Wer Jogginghosen trägt, hat die Kontrolle über sein Leben verloren – hat das nicht Karl Lagerfeld gesagt? Den kennen Sie doch, Lagerfeld?" – Wir prusten alle zusammen los. Und eines ist uns nun sicher: Die Kontrolle verliert dieser Hiroshi Yamamoto ganz bestimmt nicht. Auf eine ausgesprochen angenehme Weise. So auch beim Kaffee, den er servieren

なんとも嬉しい、そうさせてもらおう。日本はいつも驚きに満ちている。湯沢に向かうルートで、私たちは走りへの大きな愛というストーリーの新たな章を綴り始める。この道は丘陵地帯に優しく、そして荒々しく寄り添い、まるで絵画のように美しい森に突進し、谷間で再び自由に手足を伸ばす。長くゆったりとしたカーブ、くるくると狭い弧を描くカーブ、連続するヘアピンカーブのクレッシェンド、きつい方向転換のスタッカート。走りへのちょっとした憧れが、魚野川沿いのルートで首ったけの熱情に変わる。鬱蒼とした森に挟まれたこの川が太陽を浴びてきらきらと輝く。道はその流れに沿って、直線になどなるものか、と強情に言い張るかのように、遊び心たっぷりのラインを描いている。ここのカーブはチャレンジになる。ギリギリのヘアピンカーブや思いもよらない勾配は、正確なコーディネーションがなければこなせない。ステアリングの角度、アクセルペダルの位置、そして適量なブレーキを巧みにシンクロさせていかなくてはならない。しかし、それが完璧の融点に達すると、フローに乗ることができる。私たちにインスピレーションを与えてくれるのは、走りの技術的なチャレンジだけではない。この風景の繊細な優美さだ。そしてその先には2つの山脈に挟まれた、まるで自然が生み出した円形劇場のような湯沢がある。

ヤマモト・ヒロシと喫茶店の前で待ち合わせをした。ケイコが紹介してくれた人物だ。完璧にプレスされたスーツ、シルバーグレーの髪、何気ない日常の瞬間にも規律とエレガンスを放つ趣、まるで白黒映画の俳優のようだ。深々とお辞儀をし、椅子に座るよう促す。その手ぶりも的確だ。精確に、整然と、コントロールを失うことなどない。時間という概念を容易に操っている様子とでも言おうか。彼がスーツの襟の上に手を滑らせる。「家を出るときには身なりを整えておかないと」とウインクしながらある言葉を引用する。「ランニングパンツなんかで外出していたら、人生のコントロールを失ってしまう。そう言ったのはカール・ラガーフェルドでしたか？ラガーフェルド、ご存知でしょう」。一同笑う。このヤマモト・ヒロシがコントロールを失うことなどないのだろう。でも、暖かく優しく。彼が注文してくれたコーヒーも快い一杯だ。ちょっと驚かされる。ヒロシは日本のコーヒー文化は過小評価されている、と話し始める。完璧な抽出プロセスにこだわり、すべての豆をまだ磨かれていない宝石のように大切に取り扱う小さな喫茶店。日本ではコーヒーもお茶と同じくらい丁寧に淹れる。そしてまたそこには、この旅で私たちがいたるところで遭遇する、完璧を求める日本人の姿がある。しかし、ヒロシは日本の美味しいコーヒーを世界に広める大使というわけではない。彼は整然とした情熱と、不思議に思えるほどの献身の姿勢で自分の街を紹介するホストなのだ。私たちは彼についていき、細い路地を抜け、低く傾いた夕日で黄金色に輝く古い寺院を通り過ぎる。木の香り、秋の薫りに満ち足りた空気。ここでは時間がゆっくりと流れているようだ。特に印象的なのは、魚野川に架かるまるで木工細工のような橋だ。「300年以上の歴史があるんですよ」とヒロシの声には誇りが感じられる。「そして、毎年丁寧に手入れされています。人々のこの橋への敬意と丁寧な手入れが長持ちの秘訣です」。

この一日は小さなレストランのカウンターで終わる。カウンターの向こうには、巨大な鍋からの蒸気、ジュージューと音をたてる中華鍋、シャキシャキの野菜の山を電光石火の速さで切り刻んでいく鋭い包丁が見える。ヒロシがラーメンを注文した。深く、濃厚な味わいを愉しませてくれる料理だ。美味しいスープをすすりながら、ちょっと上手く使えるようになった箸で麺や野菜や肉を口に運んでいると、夕暮れの優しい光が格子窓から床に差し込んでくる。世代や文化を超えた意外な共通点を見つけながら、あれこれとおしゃべりをする。夕日が消え、光は天井のむき出しの蛍光灯から放たれる緑がかったネオンだけに

NATIONAL ROUTE 292
国道292号

NATIONAL ROUTE 292
国道292号

lässt. Eine Offenbarung. Hiroshi erklärt, dass die japanische Kaffeekultur unterschätzt wird. Perfektionierte Brühverfahren, kleine Kaffeehäuser, die jede Bohne wie ein rohes Juwel behandeln – all das sei hier fast so wichtig wie der Tee. Und da ist es wieder, das japanische Streben nach Vollendung, das uns auf dieser Reise überall begegnet. Doch Hiroshi ist mehr als ein Botschafter für guten Kaffee. Er ist ein Gastgeber, der mit wohlsortierter Leidenschaft und fast unheimlicher Hingabe seine Stadt präsentiert. – Wir folgen ihm durch schmale Gassen, vorbei an alten Tempeln, deren Dächer im goldenen Licht der tiefstehenden Sonne glänzen. Die Luft duftet nach Holz und Herbst, und die Zeit scheint hier etwas langsamer zu vergehen. Besonders beeindruckend ist eine Brücke, die sich wie ein filigranes Kunstwerk aus Holz über den Fluss Uono spannt. „Sie ist über 300 Jahre alt", sagt Hiroshi mit einem Anflug von Stolz in der Stimme, „und jedes Jahr wird sie behutsam gewartet. Respekt und Sorgfalt sind die Geheimnisse ihrer Langlebigkeit."

Der Tag endet am Tresen eines kleinen Restaurants. Dahinter dampfen enorme Töpfe, es zischt aus tiefen Pfannen, beißend scharfe Messer fegen in Windeseile durch enorme Stapel von knackigem Gemüse. Hiroshi hat Ramen bestellt – tief, herzhaft und voller Geschmack. Während wir genussvoll die Brühe schlürfen, Nudeln, Gemüse und Fleisch immer gekonnter mit unseren Essstäbchen herausangeln, schleicht das weiche Licht der untergehenden Abendsonne von draußen durch die Sprossenfenster herein und wandert über den Boden. Wir plaudern währenddessen über dies und das, finden erstaunliche Gemeinsamkeiten über die Generationen und Kulturen hinweg. Als dann nur noch das grünliche Neonlicht aus den blanken Leuchtröhren an der Decke übrig ist, steht Hiroshi auf, verbeugt sich ein letztes Mal: „Ich bedanke mich für das Geschenk dieses wunderschönen Tages," sagt er – und scheint das tatsächlich ernst zu meinen … Arigatou, denken wir, wir haben zu danken. Die nächste Strecke führt uns über die 353, dann durch Shimofunatootsu und Yokokura bis zur 502. Es ist wieder eine Route, die das Fahren zur Kunst erhebt. Perfekter Asphalt, kilometerweit kein anderes Auto, die Straße tanzt durch die Berge. Jede Kurve wirkt wie beim Entstehen dieser

Besonders beeindruckend ist eine Brücke, die sich wie ein filigranes Kunstwerk aus Holz über den Fluss Uono spannt. „Sie ist über 300 Jahre alt", sagt Hiroshi mit einem Anflug von Stolz in der Stimme, „und jedes Jahr wird sie behutsam gewartet. Respekt und Sorgfalt sind die Geheimnisse ihrer Langlebigkeit."

木の香り、秋の薫りに満ち足りた空気。ここでは時間がゆっくりと流れているようだ。特に印象的なのは、魚野川に架かるまるで木工細工のような橋だ。「300年以上の歴史があるんですよ」とヒロシの声には誇りが感じられる。「そして、毎年丁寧に手入れされています。人々のこの橋への敬意と丁寧な手入れが長持ちの秘訣です」。

なる。するとヒロシが立ち上がり、最後にもう一度お辞儀をする。「素晴らしい一日という贈り物をありがとう」と言う。冗談の様子ではない。ありがとう、とお礼を言わなくてはならないのはこちらだと言うのに。

旅は続く。まず353号線を走り、下船渡、横倉を通って502号線に。このルートもまた、ドライビングを芸術のレベルまで昇華してくれるルートだ。完璧なアスファルト、何キロ先にも他のクルマは見当たらない。道は山の中でダンスのステップを踏んでいるかのように軽快にくるくると回る。どのカーブもこの風景が生まれた古代にすでに描かれていたのでは？長いストレート、鋭いヘアピンカーブ、隠れたジャンクション、とまるで全てが完璧なドライビングエクスペリエンスのためにデザインされたかのようだ。軽井沢郊外の森では、焼き栗、甘い餅、湯気の立つ緑茶を売る小さな露店が道端に並んでいる。もちろん、駐車して地元の味を旅の思い出の一部にしないわけにはいかない。道、土地、そして舌に残る栗とお茶の風味。

軽井沢に到着。ちょっとヨーロッパ風の魅力的な町だが、私たちに強い印象を残したのは浅間の大滝だ。空気を水しぶきでいっぱいにしながら猛烈な勢いで流れ落ちるこの滝。永遠に続く瞬間。その恐るべきパワーに釘付けになる。この水はいったいいつから流れ落ちているのだろう。朝から晩まで？何年も何世紀も？幸福感に満たされた私たちは、考えに耽りながら、神秘的で、少し子供じみた思いを胸に、この区間の最終地点、高山へ向けて出発した。森の鮮やかな色彩から、歴史的な旧市街の落ち着いた色調へと穏やかに移行していく、そんなドライブだ。またも狭い路地、伝統的な木造家屋。高山はタイムスリップしたような独特の風情で私たちを迎えてくれる。

HOTEL & RESTAURANT

THE PRINCE KARUIZAWA
1049-1 KARUIZAWA, KITASAKU
DISTRICT, NAGANO 389-0102
WWW.PRINCEHOTELS.CO.JP

VENUS LINE
ビーナスライン

TOBIRA PASS VENUS LINE
扉峠 ビーナスライン

Landschaft von Anbeginn an mitgedacht: Lange Geraden, scharfe Haarnadelkurven, versteckte Abzweigungen – alles fließt zusammen, als sei es für den perfekten Fahrmoment komponiert. In den Wäldern vor Karuizawa finden wir kleine Straßenstände, die geröstete Kastanien, süße Reiskuchen und dampfenden grünen Tee anbieten. Natürlich können wir nicht widerstehen, halten an und lassen diese lokale Köstlichkeiten Teil unserer Erinnerungen werden: Die Straße, das Land – und der Geschmack von Kastanien sowie Tee auf der Zunge.

In Karuizawa angekommen, erwartet uns eine charmante Stadt mit europäischem Flair. Doch es ist der Asama O-taki, der uns wirklich beeindruckt. Der Wasserfall stürzt mit einer so brachialen Wucht in die Tiefe, dass die Gischt die Luft erfüllt und die donnernde Kraft dieses endlos anhaltenden Moments uns erstarren lässt. Wie lange schon gischtet dieses Wasser wohl in die Tiefe? Tag und Nacht? Jahr um Jahr? Jahrhunderte? – Nachdenklich, glücklich und zufrieden machen wir mit diesem ebenso rätselhaften wie vermutlich albernen Gedanken auf den Schluss der Etappe, weiter nach Takayama. Erleben die Fahrt als den sanften Übergang von den lebhaften Farben des Waldes zu den gedeckteren Tönen der historischen Altstadt: Takayama empfängt uns wieder mit schmalen Gassen, traditionellen Holzhäusern und einer Atmosphäre, die uns in eine andere Zeit versetzt. Besonders sehenswert ist der Morgenmarkt. Hier reihen sich die Stände dicht aneinander, und die Auswahl reicht von frischem Gemüse über kunstvolle Handwerksprodukte bis zu lokalen Spezialitäten. Früh aufstehen lohnt sich da tatsächlich, denn der Markt entfaltet seine Magie vor allem in den stillen Stunden des Morgens, wenn sich die ersten Sonnenstrahlen durch die Gassen tasten. Was probieren wir heute? Immer weiter weg von Kaffee und Croissants? – Die aufzischenden Kohlen gegrillten Streifen von Hida-Wagyu mögen zu dieser Uhrzeit ausgesprochen gewöhnungsbedürftig sein, aber ans Gewöhnen haben wir uns gewöhnt. Wenn wir das nicht wollten, wäre zu Hause bleiben die einzige Alternative gewesen. Und so schlagen wir die Zähne ins Fleisch, picken den mit Fleischsaft und Würzsoße vollgesogenen Reis aus der Schüssel und genießen den mürben Duft der Nacht, die langsam aus den Gassen Takayamas flieht. Danach geht es gespannt ins Hida-Museum, mit seinen penibel restaurierten Gebäuden aus der Edo-Zeit. Am Parkplatz des Museums fahren wir dem ersten Reflex folgend Richtung Eingang, um einen möglichst nahegelegenen Parkplatz zu finden. Doch dann halten wir inne und denken nach: Wir sind früh dran, werden den ganzen Tag im Museum haben – weshalb also nicht einfach einen Parkplatz in der hintersten Reihe wählen? Wenn dann andere später kommen, finden die vielleicht noch einen Platz direkt am Eingang, müssen nicht so weit laufen und haben so mehr Zeit im Museum ... Ein feines Schmunzeln zieht in unsere Mundwinkel, dann wenden wir. Nur eine kleine Geste, ein kurzer Verzicht – und doch fühlt es sich richtig an.

> In den Wäldern vor Karuizawa finden wir kleine Straßenstände, die geröstete Kastanien, süße Reiskuchen und dampfenden grünen Tee anbieten. Natürlich können wir nicht widerstehen, halten an und lassen diese lokale Köstlichkeiten Teil unserer Erinnerungen werden: Die Straße, das Land – und der Geschmack von Kastanien sowie Tee auf der Zunge.

軽井沢郊外の森では、焼き栗、甘い餅、湯気の立つ緑茶を売る小さな露店が道端に並んでいる。もちろん、駐車して地元の味を旅の思い出の一部にしないわけにはいかない。道、土地、そして舌に残る栗とお茶の風味。

特に朝市は一見の価値がある。新鮮な野菜から芸術的な工芸品、地元の特産品まで、さまざまな屋台が軒を連ねている。早起きは三文の徳。この市場は朝日が路地に差し込み始める静かな時間帯にこそ、その魅力を発揮するのだから。今日は何を食べてみようか？コーヒーとクロワッサンからどんどん遠ざかっている。ジュージューと炭火で焼かれた飛騨和牛などは、朝の時間帯にはちょっと……？いや、新しいものに慣れること自体にも慣れてきた。それが嫌だったら、家でじっとしていれば良かったのだから。そうして私たちは肉に噛みつき、肉汁とスパイシーなソースが染み込んだご飯をお茶碗からかき込み、高山の路地からゆっくりと姿を消して行く夜の香りを胸いっぱいに吸い込む。食事が済んだら、期待に胸を膨らませながら江戸時代の建物を丹念に復元した飛騨民族村を訪れる。ここの駐車場で、自分の本能に従いできるだけ入口に近いスポットを目指して走っている自分たちに気付き、ハッとする。ちょっと考えてみよう。早く到着しているし、一日中たっぷりここにいられるわけだから、一番入口から離れたスペースに駐車してもいいのでは？後から到着する人たちが入り口のすぐ近くに場所を確保できれば、入口まで歩く時間を無駄にせずに、ここでもっと長い時間を過ごせるかもしれない。ちょっとにんまりと、クルマを入口から離れた場所に回す。ほんのささやかなジェスチャー、ちょっとした犠牲。すごく良い気分になる。

BURG MATSUMOTO
松本城

NIKKO TAKAYAMA 日光 高山

Beim geschichtsreichen Nikkō haben wir die größte, zusammenhängende Küstenebene Japans erreicht, die vom rund 150 Kilometer entfernten Tokyo ihre Seitenarme bis in die Berge Honshūs ausstreckt. Um diesem nahezu ausnahmslos besiedelten und verstädterten Gebiet zu entgehen, fahren wir nach Westen: vorbei an den Vulkanen Nyoho und Nantai, bis ins Tal des Katashina. Diesem Fluss folgen wir stromaufwärts, bis in sein Quellgebiet am Fuß des 2.280 Meter hohen Bergs Shibutsu im Oze-Nationalpark. Von hier aus wechseln wir über den von November bis Mai geschlossenen Okutone-Yukemuri-Highway in ein südlicher gelegenes Tal und landen dort nach weiterer Fahrt am Tone und dem Dogen-Stausee. Im Süden des Tanigawa-Bergmassivs schlagen wir einen weiten Bogen, umrunden dann den Naeba im Norden und wechseln am Chikuma-Fluss auf die kurvige 502, die zurück in die Einsamkeit der Berge führt. Kurvenreich geht es hoch hinauf durch die Skigebiete, bis zur höchstgelegenen Straße Japans an der Yugama-Caldera und dem Vulkan Shirane. Hinunter nach Yubatake, mit einem weiteren Bogen in Richtung des Haruna und zurück bis in den Osten des riesigen Asama-Vulkankegels, sind wir nun bei Karuizwa gelandet. Südlich des Tateshina geht es in die Präfektur Nagano, und dort in die stillen Berge der „Japanischen Alpen" rund um Takayama. In dieser Stadt, mit ihren rund 85.000 Einwohnern, haben wir das Ziel der Etappe erreicht.

—

歴史ある日光で私たちは日本最大の海岸平野に到達する。150km離れた東京は本州の山間部までその裾を広げている。人が住んでいない場所などほとんどないこの地域。市街地の混雑を避けるため、私たちは西に向かう。女峰山と男体山を過ぎ、片品渓谷に入る。私たちはこの川を遡るように、その源流のある尾瀬国立公園内の標高2,280メートルの至仏山の麓に向かって走る。ここから、11月から5月までは閉鎖されるという奥利根ゆけむり街道を走り、さらにその南にある峡谷に入り、利根川に沿って旅を続ける。谷川連峰の南で大きく弧を描き、北にある苗場に入り、千曲川で曲がりくねった502号線に乗り換え、再び山の孤独へと進む。このルートは、スキーリゾートを通り抜け、湯釜や白根山を沿って走る日本一標高の高い道路へと上っていく。湯畑へ下り、さらに榛名方面へ弧を描きながら進み、巨大な浅間山の東へ戻ると、軽井沢近郊に到着する。蓼科の南から、長野県に入り「日本アルプス」の静かな山々に囲まれた高山へ。人口85,000人のこの町がこの区間の最終地点だ。

650 KM • 3-4 TAGE // 403 MILES • 3-4 DAYS // 650 KM • 3-4 日間 // 403 マイル • 3-4 日間

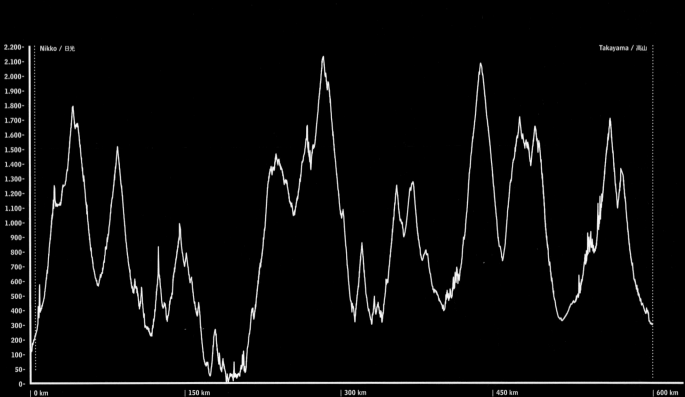

ROUTE 158
国道158号

TAKAYAMA
FUJIYOSHIDA
高山 富士吉田

1.115 KM • 6-7 TAGE // 693 MILES • 6-7 DAYS // 1.115 KM • 6-7 日間 // 693 マイル •6-7 日間

Eine schläfrige Morgensonne rangelt halbherzig mit den über Takayama wabernden Nebelschleiern und die Stadt am Fuß der „Japanischen Alpen" verfolgt dieses einlullende Schauspiel mit einer in Jahrhunderten gut einstudierten Ruhe: Irgendwann werden sich die Schwaden schon in die Bergtäler zurückziehen und ein blauer Himmel aufziehen.

—

まだ眠たげな朝日が、高山に立ち込める霧のベールとぐずぐずと戦っている。そしてこの「日本アルプス」の麓に位置する高山は、何世紀にもわたって鍛錬してきた落ち着きで、この眠気を誘う光景を見つめている。しばらくするとこのベールは山の谷間に退き、青空が現れるだろう。

HIEIZAN DRIVEWAY NEAR KYOTO
比叡山ドライブウェイ（京都近く）

Bis dahin tun wir es den Japanern gleich, schlenkern die Glieder im Zeitlupen-Rhythmus der Rajio Taisō, jener Morgengymnastikübungen in kleinen Grüppchen, die hier in Parks, auf Schulhöfen oder vor Fabriken einfach Usus sind. Schlichte Bewegungen, hochkonzentriert, eine Mini-Meditation, die den Körper weckt und den Geist fokussiert. Nach diesem Start belohnen wir uns für die beinahe sportliche Aufwallung: Der Duft von dampfender Miso-Suppe füllt den Frühstücksraum unseres Restaurants, wir schnipsen uns mit Stäbchen zarte Hida-Rindfleischstreifen in den Mund, kauen andächtig, nehmen dann einen Schluck heißer Suppe. Warm und nährend ist das, erzwingt ein lustvolles „Ah", führt in einen ganz anderen Moment des inneren Lichts und so sitzen wir, freuen uns auf die kommende Etappe.

Von Takayama aus folgen wir der Straße 156 nach Süden in Richtung Gifu. Die Strecke schmiegt sich in enge Täler, begleitet von glasklaren Bächen und Wäldern, satt leuchtend vom Grün einer üppigen Natur. Ein Duft nach feuchtem Moos mischt sich mit der frischen, harzigen Note der Nadelbäume, die sich die Hänge hinaufziehen. Bambus-Halme unterbrechen das Dunkelgrün der Nadeln, sogar Kirschbäume haben sich in diesen Garten mit seiner Harmonie im Chaos eingeschlichen. Jede Kurve öffnet eine neue Perspektive, immer wieder tauchen kleine Dörfer auf, wie aus der Zeit gefallene Orte: Dunkles Holz, kunstvoll geflochtene Strohdächer, sorgsam angelegte Gärten. – Und dann kommt Gifu, die Hauptstadt der Präfektur: Zweigeschossige Häuser mit dunklen Holzbalken und geschwungenen Ziegeldächern reihen sich als Grüße der Vergangenheit an moderne Industriehallen, und wir stranden am Stadtrand auf dem Hof einer kleinen Tankstelle. Während wir uns durch den immer noch ungewohnten, vom Tumult der japanischen Schriftzeichen erschwerten Bezahlprozess kämpfen, taucht plötzlich der Tankwart neben uns auf. Hände in den Hosentaschen vergraben, voller Desinteresse für unsere Verzweiflung, aber mit einem anerkennenden Blick auf unseren Wagen: „Deutschland", befindet er scharfsinnig, zerkaut das Wort mit rollendem Zungenschlag, und dann: „Ingenieurskunst!" – Wir schauen uns irritiert an, beinahe fassungslos. Keine Ahnung, woher er den Begriff hat, es dauert auch einen Moment, bevor wir seine Bedeutung in der harten japanischen Dialektfärbung überhaupt erkennen, aber dann sagt er es einfach

それまでは、他の日本人が公園や学校の校庭、工場の前でしているように、ゆっくりとしたリズムで足腰を伸ばすラジオ体操でもしていればいい。シンプルな動きで、神経を集中させながら、身体を目覚めさせ、魂のフォーカスを絞るちょっとした瞑想のようなものだ。ラジオ体操でスタートした自分たちにちょっとしたご褒美をする。レストランの朝食室を湯気の立つ味噌汁の香りが満たしている。私たちは飛騨牛の柔らかい切り身を箸で口に運び、礼儀正しく咀嚼し、そして熱い汁を一口飲む。温かく、栄養たっぷり。「あぁ」という快感の声が出て、まったく異なる、内なる光の瞬間へと導かれていく。椅子に座りながらその瞬間をたっぷりと味わい、これからの区間を心待ちにする。

高山からは156号線を南下し、岐阜に向かう。澄み切った小川や美しい緑に囲まれた　このルートは狭い谷間を縫うように進湿った苔の香りが、斜面に生い茂る針葉樹のヤニの香りと混ざり合う。針葉樹の深い緑の合間に竹の明るい黄緑色が顔を出し、時には桜の木までがこの混沌の庭に美しく溶け込んでいる。カーブを曲がるたびに景色がガラリと変わり、まるで時が止まってしまったような小さな村が、何度も何度も目の前に現れる。ダークウッド、美しく葺かれた藁ぶき屋根、丁寧にレイアウトされた庭。そして岐阜市に到着する。ダークウッドの梁と少しカーブの付いた瓦屋根の2階建ての家々が、過去から顔を覗かせているかのように近代的な工場と肩を並べている。私たちが立っているのは町はずれのガソリンスタンドだ。まだ慣れない日本語での支払手続きで四苦八苦していると、ガソリンスタンドの店員が突然隣に現れた。ズボンのポケットに手を突っ込んでそこに立つ彼は、私たちの苦労など気づいてない様子で、車をじっと嬉しそうに見つめている。舌を巻きながら「DEUTSCHLAND（ドイツ）」という言葉を鋭く放ち、そして「INGENIEURSKUNST（エンジニアの技）」と言う。戸惑いながら、というより唖然とし、私たちは顔を見合わせる。彼がその言葉をどこで覚えてきたのか見当もつかないし、私たちが日本人の強いアクセントで発音されたこの言葉を文字通り受けとめられるまでにはちょっと間が開いてしまった。彼はもう一度言う。「INGENIEURSKUNST」。聞き間違えではない。

私たちは新たに見つけたこの友からもっと何かを引き出そうと、ドイツ語の言葉が混じる初歩的な英語そして何よりも、スマートフォンの翻訳アプリの日本語を駆使し、なんとも驚きの事実を学ぶことになった。何を学んだかって？ニコニコ笑みを浮かべて私たちの前に立っている彼は、定年退職後にこのガソリンスタンドを引き継いだ。何か役に立つことを続けよう、そして何よりも、かつての同僚たちのそばにいたい、と。ガソリンスタンドのすぐ裏手にある立派な建物では自動車産業向けの板金部品が製造されている。そしてこのガソリンスタンドの親切な店員は、その昔、日本の作業ミス防止（ポカヨケ）やカンバン方式をこの板金製造企業に導入した人物のようだ。彼はこれらのシステムが世界でも高く評価されていることを知っている様子だ。"ジャスト・イン・タイム"とカタコトの英語で言いながら、彼は笑顔で意味ありげに、ダンスのようにステップを踏み始める。ちょっと困って「ダンスみたいなもの？」と訊いてみると、ガソリンスタンドの店員は喜んだ様子で、スローワルツからボサノバに切り替える。「ダンス」と何度

RAINBOW LINE / MIKATA FIVE LAKES
レインボーライン／三方五湖

CHIRIHAMA NAGISA DRIVEWAY
千里浜なぎさドライブウェイ

noch einmal: „Ingenieurskunst". – Eindeutig! Jetzt haben wir angebissen, versuchen unserem neugefundenen Freund noch mehr zu entlocken und sind nach einigem Hin und Her auf rudimentärem Englisch, dem Austausch von lustigen Deutsch-Brocken und vor allem dank Japanisch aus der Übersetzungs-App im Smartphone völlig von den Socken. Was wir verstanden haben? – Unser breit grinsendes Gegenüber hat die Tankstelle nach seiner Pensionierung übernommen – um weiter eine Aufgabe zu haben, vor allem aber um in der Nähe seiner alten Kollegen zu bleiben: Direkt hinter den Zapfsäulen werden auf einem stattlichen Firmenareal Blechteile für die Automobilindustrie gefertigt und anscheinend muss der freundliche Tankwart im früheren Leben nicht ganz unbeteiligt daran gewesen sein, die japanischen Prinzipien der Fehlervermeidung (Poka Yoke) und des Kanban-Systems in diese Produktion zu übertragen – er hat deren weltweite Karriere mitbekommen. „Just-in-time" knuspert er lächelnd und wiegt sich dabei bedeutungsvoll, wie im Tanz. – „Like a dance?" helfen wir zweifelnd – und ernten ausgelassen gestikulierende Begeisterung, der Tankwart wechselt von langsamem Walzer auf Bossa Nova. – „Dance", nickt er heftig und tippt dann Schriftzeichen ins Handy, hält uns das Display hin: „Jeder Schritt ganz präzise, alles im Fluss" steht da. Dann deutet er auf unseren Wagen an der Zapfsäule, lässt nun den Sprachgenerator des Smartphones mit näselnder Computerstimme erklären: „Viele deutsche Unternehmen haben sich diese Prinzipien zu eigen gemacht – und wie man sieht, mit großem Erfolg." – Die Brust von Tankwart-san schwillt stolz an, dann diktiert er dem Smartphone einen letzten Satz: „Wir Japaner und ihr Deutsche sind uns ähnlich. Präzision, Perfektion – das mögen wir." – Erwartungsvolles Lächeln, Händeklatschen, dann: „Ingenieurskunst, like a dance." Und jetzt grooven wir lachend mit, ein paar seltsame Typen an einer Tankstelle in Gifu. Hinter dem Mount Ibuki liegt der riesige Biwa-See, Japans größtes Binnengewässer. Rund um seine Ufer haben sich Stadtgebiete niedergelassen, in diesem Ring aus Häusern fahren wir von Gifu nach Süden. Die Straßen werden breiter, der Verkehr dichter. Kleine Städte reihen sich wie Perlen entlang der Strecke, während am Ufer des Sees

も頷き、携帯に入力を始め、私たちにディスプレイを見せる。「極めて精確なステップで、流れるように」と書かれている。そして給油の位置にある私たちの車を指差し、スマートフォンの鼻にかかったコンピューターの音声で翻訳を読み上げさせる。「多くのドイツ企業がこの原則を採用し、ご覧のように大きな成功を収めています」。店員は誇らしげに胸を張り、最後の一言をスマートフォンに向かって言う。「私たち日本人とドイツ人は似ている。精密さ、完璧さが好き」と。期待に満ちた笑みを浮かべ、手をパンと叩き、「ダンスのようなエンジニアの技」という。そして、岐阜のガソリンスタンドに集まった私たち、小さな奇妙なグループは、笑いながら揃ってダンスのステップを踏み始める。伊吹山の向こうには、日本最大の内陸湖である巨大な琵琶湖がある。市街地はその湖畔の周りに広がっており、私たちは岐阜から南へ、この湖を輪のように取り囲む家々の中を進んでいく。道は広くなり、交通量も増える。ルート上には小さな町が真珠のように続き、湖畔には風や太陽に晒され風化した木造の壁面の漁師の小屋が建っている。空気には独特の香りがする。獲れたての魚の塩っぽい香りが、炭火の煙と混ざり合い、私たちの鼻をくすぐる。何世紀もの間、この湖では魚を釣り、小さな炭火のグリルで焼いてきた。そして、そのグリルは小屋の暖房にも使われている。そんな昔の風景から、ほんの数メートル向こうには現代の日本が猛スピードで走り抜けている。

この対照的な光景が頭から離れないうちに京都に入っていく。かつては日本の首都であったこの威厳ある街は、大切に守られてきたその優美さで私たちを迎えてくれる。時間が止まっている場所ではない、時間を内に秘めた場所だ。息を吸って、吐いて。この街を取り囲む自然がこの街の家々に染み込んでいるように、過去への思いがこの瞬間に流れ込んでいる。エキサイティングでありながら、リラックスした雰囲気。緑が豊かであると同時にカラフル。恐ろしくモダンなのに、伝統が深くびっしりと根を張っている。それが京都だ。かつては皇居であった京都御所の庭は、鴨川沿いの市街地に緑の広場のように広がっている。この建物群は今もなお、信じられないほどのエネルギーを放っている。天皇がまるで今でもここに住居を構えているかのように、建物、小道、庭園は入念に手入れされている。

そして、古い日本が別の方法で私たちにも手を差し伸べくれる。ホテルのレセプションに着くと伝統的な着物を着た年配の女性が直接出迎えてくれた。そっと首を傾げ、薄っすらと笑みを浮かべている。魔法にかけられたような気分になる。この女性はおいくつぐらいなのだろう？70歳？80歳？それとももっと高齢なのだろうか。この女性の時代を超えた優美さに魅了されながら、部屋まで私たちを導く、そそくさとした彼女の足取りについていく。入口では厳しい目線が投げかけられ、靴を脱ぐように促される。靴を脱いで靴下だけになると部屋に入れてもらえる。入ってみる

Fischerhäuschen stehen, mit verwitterten Holzfassaden aus von der Sonne gebleichten Planken. Die Luft trägt ein besonderes Aroma mit sich: Der salzig-mürbe Duft von frisch gefangenem Fisch mischt sich mit Holzkohle-Rauch, wir schnuppern diese Mischung mit weit geblähten Nüstern. Den Fisch angelt man hier schon seit Jahrhunderten aus dem See, grillt ihn auf kleinen Kohlefeuern, mit denen auch die gemütlichen Hütten beheizt werden. Während nur ein paar Meter weiter das moderne Japan vorüberrauscht.

Mit diesen Gegensätzen im Kopf rollen wir hinein nach Kyōto. Die ehrwürdige Hauptstadt des alten Japans empfängt uns mit einer sorgsam bewahrten Anmut, hier scheint die Zeit nicht stehenzubleiben – aber sie hält inne. Atmet ein, atmet aus. Lässt die Gedanken ans Früher in die Gegenwart fließen, genau wie die Natur des umgebenden Lands in die Häuser der Stadt sickert. Kyōto ist spannend und entspannt zugleich, grün und bunt, größtenteils rasend modern, aber auch tief verwurzelt in der Tradition. Die Gärten des Kyōto Gosho, des alten Kaiserpalasts, liegen wie ein grünes Geviert in den Stadtgebieten am Kamo-Fluss, das Ensemble strahlt immer noch eine unglaubliche Energie aus. Beinahe könnte man meinen, der „Tennō" hätte hier immer noch seinen Sitz, so aufmerksam gepflegt sind die Gebäude, Wege und Gartenanlagen. Und das alte Japan scheint auch auf eine andere Weise seine Finger nach uns auszustrecken: Im Hotel werden wir direkt an der Rezeption von einer älteren Dame im traditionellen Kimono in Empfang genommen. Distanzierte Andeutung eines Lächelns mit sanft geneigtem Kopf – wir sind wie verzaubert. Wie alt ist unsere Gastgeberin? Siebzig Jahre? Achtzig Jahre? Oder älter? – Ihre zeitlose Anmut nimmt uns in Beschlag, andächtig trotten wir hinter ihren Trippelschritten zu unserem Zimmer. Vor der Tür bedeutet uns ein strenger Blick die Schuhe loszuwerden, erst dann dürfen wir auf Socken ins Zimmer schleichen – und sehen uns erstaunt um: Mit feinem Papier ausgefüllte Holzrahmen bilden Wände und Türen, der Boden ist ebenfalls aus Holz, mit dünnen Bambus-Matten belegt. Bett? Schränke? – Nichts zu sehen. Ist das hier nur ein Vorraum?

と……ちょっと驚く。壁とドアは薄い紙が貼られた木の枠でできている。そして床も木製、その間には畳が敷き詰められている。ベッドは？クローゼットは？見当たらない。これはただの入口なのだろうか？

女性の聡明な黒い瞳がいたずらっぽく一瞬輝いたが、さっと表情を戻す。そして、桜の花びらが散るような軽やかな足取りで壁に向かって歩き、ある戸を開け、そこに掛けられた着物と黒い木製のサンダルを小さなジェスチャーで見せてくれる。「レストラン」と言う言葉を口にする。軽くお辞儀をし、彼女はドアの向こうへとエーテルが蒸発するかのように消えていく。

この靴で歩くのは難しい。ストラップが母趾と第2趾の間の靴下に食い込むのはなんとも不自然な感触だ。サンダルのソールの下にある小さな木のピースに滑らされないように、磨き上げられたフローリングの床を歩く。着物のベルトがずれ、アイロンがぴっしりとかけられた着物に肌がまだ馴染まない。何とかレストランに着く。家具は床に置かれたクッションと小さなテーブルだけだ。私たちがクッションの上に座ろうとする四苦八苦する中、色とりどりの着物を纏ったウェイトレスは蝶のように部屋を行き来し、背中の大きな帯の結び目に隠してあるのだろうか、次から次へとグラスや日本のビールがでてくる。魔法のようだ。そしてバレエのように、目の前で美しいサービスが展開する。気を害することがない程度の距離を置きながら、私たちに群がり、そのすべてから気配りと優しさを感じる。どうすればこんなサービスができるのだろう？

上品な茶碗が出され、落ち着いた動きでお茶が私たちの目の前で注がれ、軽く正しい位置にずらされる。茶道。映画で見たことはある。おそらく深い意味など全く理解できないが、感じることができる。心のこもった気配り、おもてなしの心の表現だ。そして、私たちの目の前に食事が届けられる。新鮮で美味で美しい。深夜、私たちはホテルの廊下をぶらぶらと歩き、スパ・エリアの温泉で体を温め、部屋に戻る。温かいお湯の水面に流れてきたお酒の載せられた小さな船を思い浮かべると、微笑んでしまう。そして、日本酒に心地良く酔いしれている私たちは、まだベッドがどこにあるのか見つけていないことを思い出す。そんなことはどうでもいい。いい気分なのだから。着物を着たままフックにでもぶら下がって寝ればいい……。いや、もちろんそんな事にはならない。紙張りのランプシェードの暖かい光が部屋の床に敷かれた布団を照らし出す。あの忙しそうに走り回っていた蝶々が私たちのことを忘れるはずがない。眠る。深い、夢さえも姿を隠す無重力の睡眠だ。

京都をこれだけで走り去るわけにはいかない。少しとどまり、様子も見てみよう。京都で色々な発見を体験し、再び道に呼び戻される。本州の西海岸に沿って金沢に向かう

HAKUSAN SHIRAKAWA-GO WHITE ROAD
白山白川郷ホワイトロード

OGIMACHI ROUTE 360
荻町国道360号

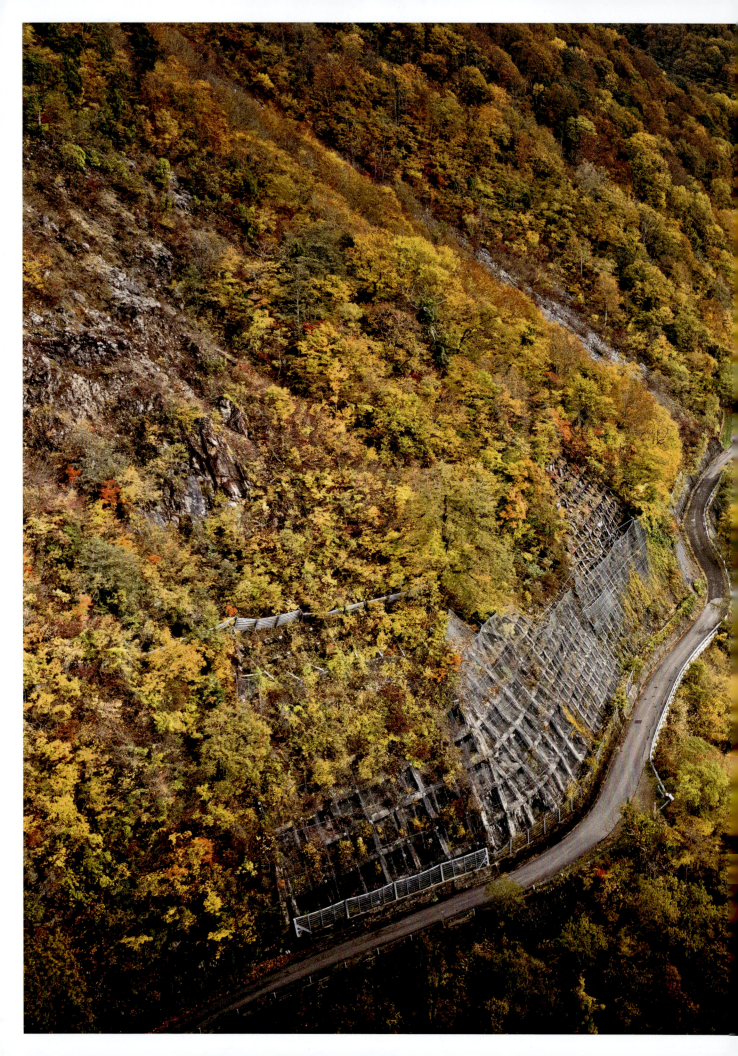

OGIMACHI ROUTE 360
荻町国道360号

In den klugen, dunklen Augen unserer Gastgeberin glitzert kurz ein amüsiertes Lachen, verhüllt sich aber sofort wieder. Und dann tritt sie leicht wie das herabfallende Blatt einer Kirschblüte zur Wand, öffnet einen verborgenen Schrank, deutet mit einer knappen Handbewegung auf den dort hängenden Kimono und die schwarzen Holzsandalen. „Restaurant", sagt sie. Knappe Verbeugung, dann haucht sie als ätherische Erscheinung durch die Tür hinaus.

Wir trippeln. Der Zehenriemen schneidet ungewohnt in den Strumpf zwischen großen Zeh und zweiten Zeh, die kleinen Querhölzchen unter den Sohlen machen das Gehen auf den blankpolierten Holzböden zur Schlitterpartie. Der Gürtel unseres Kimonos rutscht, das steif gebügelte Kleidungsstück fühlt sich völlig ungewohnt an. Irgendwie schaffen wir es trotzdem ins Restaurant, in dem Kissen am Boden und kleine Tischchen davor die einzige Einrichtung sind. Bedienungen flattern als bunte Kimono-Schmetterlinge durch den Raum, zaubern aus den großen Flügel-Knoten am Rücken Gläser und japanisches Bier, während wir uns mühsam auf die Kissen plumpsen lassen ... Und dann entfaltet sich ein wahres Ballett aus Dienstbarkeit, wir werden umschwärmt, unverfänglich distanziert, gleichzeitig aufmerksam und verbindlich. Wie machen die das?! Feine Tee-Schalen werden gereicht, in andächtiger Ruhe auf dem Tischchen vor uns befüllt, dann gedreht und verschoben. Tee-Zeremonie. Kennen wir aus Filmen, verstehen vermutlich nichts von den tieferen Inhalten, aber wir fühlen es: Die aufmerksame Zuwendung, die zum Ausdruck gebrachte Gastfreundschaft. Und dann landen all die Köstlichkeiten der japanischen Küche vor uns, frisch und delikat und wunderschön. – Spät in der Nacht irrlichtern wir durch die Gänge des Hotels zurück zum Zimmer, durchwärmt vom Bad in der heißen Onsen-Quelle des Spa-Bereichs. Wir schmunzeln beim Gedanken an die kleinen Sake-Schiffchen, die man uns auf dem Wasser hat zutreiben lassen – und dann fällt uns durch den wohligen Nebel eines kleinen Sake-Rauschs ein, dass wir ja immer noch nicht das Bett gefunden haben. Egal. Wir sind glücklich. Hängen wir uns eben zum Schlafen im Kimono an den Kleiderhaken ... Aber so weit kommt

Tee-Zeremonie. Kennen wir aus Filmen, verstehen vermutlich nichts von den tieferen Inhalten, aber wir fühlen es: Die aufmerksame Zuwendung, die zum Ausdruck gebrachte Gastfreundschaft. Und dann landen all die Köstlichkeiten der japanischen Küche vor uns, frisch und delikat und wunderschön. – Spät in der Nacht irrlichtern wir durch die Gänge des Hotels zurück zum Zimmer, durchwärmt vom Bad in der heißen Onsen-Quelle des Spa-Bereichs.

茶道。映画で見たことはある。おそらく深い意味など全く理解できないが、感じることができる。心のこもった気配り、おもてなしの心の表現だ。そして、私たちの目の前に食事が届けられる。新鮮で美味で美しい。深夜、私たちはホテルの廊下をぶらぶらと歩き、スパ・エリアの温泉で体を温め、部屋に戻る

道だ。道は竹林で縁取られ、海の香りが森の芳香な爽やかさと混ざり合っている。この海岸はラフな表情で私たちに付きまとう。険しい岩が水面から突き出し、泡立つ波がそこに激しく打ち寄せる。パワフルな自然の本来の姿だ。さらに走り続ける。遠くへ、もっと遠くへ。トランス状態で劇的で厳しい自然を走り抜ける。ルート沿いの小さな村や町を、ただ走って、走って、走り抜ける。

金沢に入る。兼六園でまた過去に沈み込む。小径の湾曲も、木々も、優美に弧を描く橋のアーチも、まるで完璧な構図の絵画のようだ。金沢城の重厚な木造建築と華麗なディテール。その歴史は江戸時代に遡るものだ。しかし、金沢の街は現代の表情も、

ROUTE 361
国道361号

NARAKAWA
楢川

es nicht: Auf dem Boden des Zimmers macht sich im warmen Lichtkegel einer Laterne mit Papierschirm eine dicke Rollmatratze breit. Irgendeiner der diensteifrigen Schmetterlinge hat an uns gedacht. Schlafen. Hineinfallen in tiefe, traumlose Schwerelosigkeit. Kyōto lässt man nicht einfach so hinter sich, man muss diese Stadt gesehen haben und so schlägt sie feine Wurzeln. Erst am Ende einer ganzen Entdeckungsreise ruft uns die Straße wieder, der Weg entlang der Westküste Honshūs nach Kanazawa. Bambuswälder säumen die Straßen und der Duft des Meeres mischt sich mit der herben Frische der Wälder. Die Küste zeigt ihre raue Seite: Schroff ragen Felsen aus dem Wasser, während sich schäumende Wellen daran brechen, ein kraftvolles und ungezähmtes Schauspiel der Natur. Wir fahren. Weit und weiter, durch eine Trance, eine dramatische, herbe Natur. Streifen die kleinen Dörfer und Städtchen entlang der Route nur, fahren, fahren, fahren.

Kanazawa öffnet uns im Kenrokuen-Garten wieder ein Fenster in die Vergangenheit, jede Kurve des Weges, jeder Baum, jeder grazil geschwungene Brückenbogen wirkt wie ein perfekt komponiertes Gemälde. Auch die massiven Holzstrukturen und kunstvollen Details der Burg Kanazawa reichen zurück in die Edo-Zeit. Aber die Stadt ist auch Gegenwart und Zukunft: Im hyperrealen Trubel Kanazawas wirkt der runde Bau des „21st Century Museum" wie ein im Boden versenktes Raumschiff. Angeregt schlendern wir durch die hellen, weiten Gänge oder vergnügen uns in einer verwegenen Installation, die uns zu Fischen in einem Pool macht.

Natürlich muss auch der Streifzug über den Omicho-Markt sein, die Stände mit frischem Fisch und exotischen Früchten holen uns ins Jetzt zurück. Das zählt. Hier sind wir. Und dann auf einer Fahrtetappe durch wilde Natur, über enge Straßen, in einem Land, das uns tief drinnen immer langsamer werden lässt. Innehalten in Fortbewegung, genau hinsehen, den Moment aufnehmen. Der Fuji-See glitzert im Abendlicht, die frische, erdige Luft erinnert uns einen Moment lang an die Wälder Hokkaidos, an den Anfang unserer Reise – aber dann zeichnet sich der majestätische Fuji im Dunst des Horizonts ab. Ein Anblick, wie von unzähligen Kalenderblättern, Postern, Reiseführer-Einbänden. Postkarten-Japan. Mit einem dramatischen Sonnenuntergang, der nur auf uns gewartet hat.

Und dann auf einer Fahrtetappe durch wilde Natur, über enge Straßen, in einem Land, das uns tief drinnen immer langsamer werden lässt. Innehalten in Fortbewegung, genau hinsehen, den Moment aufnehmen. Der Fuji-See glitzert im Abendlicht, die frische, erdige Luft erinnert uns einen Moment lang an die Wälder Hokkaidos, an den Anfang unserer Reise – aber dann zeichnet sich der majestätische Fuji im Dunst des Horizonts ab. Ein Anblick, wie von unzähligen Kalenderblättern, Postern, Reiseführer-Einbänden. Postkarten-Japan. Mit einem dramatischen Sonnenuntergang, der nur auf uns gewartet hat.

そして、大自然の中を、狭い道を、私たちを心の芯からスローダウンさせてくれる国を旅する。前進しながら心をはっと止め、目を凝らし、瞬間を捉える。夕日に照らされた富士湖はきらきらと輝き、大地の香りがする空気が一瞬、北海道の森や旅の始まりを思い起こさせる。しかしここには、地平線の霞の中に雄大な富士がそびえ立っている。カレンダーやポスター、旅行ガイドの表紙に無数に使われているような光景だ。日本からの絵ハガキ。ドラマチックな夕日が私たちだけを待っていたかのように迎えてくれた。

未来の表情も見せる。超現実的な金沢の雑踏から眺めれば、「21世紀美術館」の丸い建物は、まるで地中に沈んだ宇宙船のように見える。ワクワクと明るく広い廊下を歩いたり、私たちをプールの中の魚に変身させるインスタレーションを愉しんだり。もちろん、近江町市場をぶらりと歩くことも忘れない。新鮮な魚やエキゾチックなフルーツが並ぶ露店が、私たちを現代に引き戻してくれる。これは大切なことだ。私たちは今、ここにいる。そして、大自然の中を、狭い道を、私たちを心の芯からスローダウンさせてくれる国を旅する。前進しながら心をはっと止め、目を凝らし、瞬間を捉える。夕日に照らされた富士湖はきらきらと輝き、大地の香りがする空気が一瞬、北海道の森や旅の始まりを思い起こさせる。しかしここには、地平線の霞の中に雄大な富士がそびえ立っている。カレンダーやポスター、旅行ガイドの表紙に無数に使われているような光景だ。日本からの絵ハガキ。ドラマチックな夕日が私たちだけを待っていたかのように迎えてくれた。

TAKAYAMA FUJIYOSHIDA 高山 富士吉田

Auf der vierten Etappe fahren wir durchs Herzland des alten Japans, das Zentrum der großen Hauptinsel Honshū. Seine Bauten des japanischen Mittelalters und die eng mit den Kaiser-Dynastien (japanisch: Tennō) verbundene Geschichte haben Takayama den Namen „Klein-Kyōto" eingetragen, von hier aus fahren wir über die Pässe und Täler südlich des Hakusan-Nationalparks nach Süden. Über das kleine Gujō gelangen wir nach Gifu, eine Stadt, die heute zum Stadtkomplex der Metropole Nagoya gerechnet werden kann. Mit den Bergen zwischen Gifu und dem Biwa-See wechseln wir in die Präfektur Shiga, fahren dort ans südliche Ende des Sees und erreichen dort die alte japanische Hauptstadt Kyōto. Auch diese traditionsreiche Stadt gehört mittlerweile zu einer größeren Metropolregion, die sich rund um die Bucht von Ōsaka erstreckt. Mit Kyōto haben wir den südwestlichsten Punkt unserer Reise erreicht, von hier aus zieht es uns nach Norden: an die Buchten des japanischen Meeres, auf eine lange Reise entlang der Küste. Vorbei an Tsuruga, hinauf in die Präfekturen Fukui und Ishikawa, bis nach Kanazawa. Erst hier führt uns die Straße zurück in die Berge, hinüber nach Oyabe. Dort haben wir die Ebenen rund um die großen Städte Toyama und Tajaoka erreicht und verlassen diese in Richtung Süden. Noch einmal geht es zurück an den Ausgangspunkt der Etappe in Takayama und von hier weiter durch die „Japanischen Alpen" nach Osten. Auf diese Weise geht es Tokio entgegen. Bevor wir aber die Hauptstadt Japans erreichen, erreichen wir am Fuß des Fuji unser Etappenziel.

—

第4区間では、日本のメインランド、本州を旅する。中世からの建物や皇室と密接に結びついた歴史から、高山は「小京都」と呼ばれている。私たちはここから、高山の白山国立公園の南の峠や谷を越えて南下する。今日では大都市名古屋の一部と呼んでもいいような位置にある郡上という小さな町を経由して、岐阜に到着する。岐阜と琵琶湖の間にある山々を横目に滋賀県に向かい、琵琶湖の南端まで行くと日本の古都、京都に到着する。この伝統豊かな都市は現在、大阪湾をを取り囲む大都市圏の一部にもなっている。この旅の最南西の位置にある京都に到達し、ここから北へ、日本海の入り江が連なる海岸沿いの長いドライブを愉しむ。敦賀を過ぎ、福井県、石川県に入り、金沢に到着。ここから、小矢部まで山道を戻る。そこで富山と高岡といった大きな町がある平野に到達し、南下する。再びスタート地点の高山に戻り、ここから「日本アルプス」を東へ進む。ここから東京へ向かうのだ。しかし、大都会へと突進する前に、この区間のゴール、富士山の麓で心の準備を整える。

1.115 KM • 6-7 TAGE // 693 MILES • 6-7 DAYS // 1.115 KM • 6-7 日間 // 693 マイル • 6-7 日間

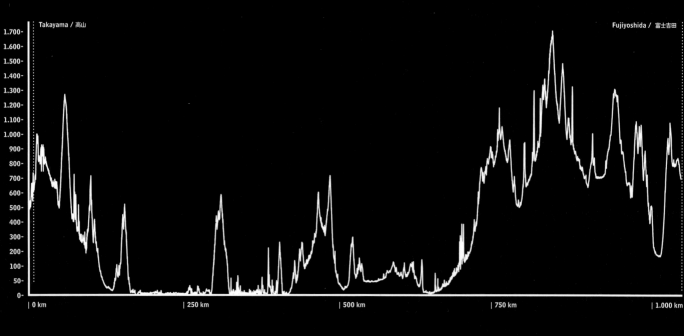

JAPAN / 日本

FUJIYOSHIDA
TOKIO
富士吉田 東京

590 KM • 4-5 TAGE // 367 MILES • 4-5 DAYS // 590 KM • 4-5 日間 // 367 マイル •4-5 日間

Der Fuji ist mehr als nur ein Titan der Geologie. Mit beinahe perfekter Symmetrie erhebt er sich am Horizont, als stiller Wächter, ein Symbol Japans. 3.776 Meter, geformt von vulkanischen Kräften, die vor über 100.000 Jahren aktiv waren. Und während viele andere der Vulkane Japans Teil eines Gebirges sind, steht der Fuji frei im Land.

—

富士山は単に、地質学的に巨大な山なのではない。ほぼ完璧なシンメトリーで水平線にそびえ立つその姿は、穏やかに人々を見守る、日本のシンボルだ。10万年以上前の活火山の力によって、標高3,776メートルと空高く形成されたこの山は日本の他の多くの火山が山脈の一部であるのに対し、独立峰である。

Er ist ein Rockstar, Sitz von alten Göttern und auch in einer unsentimentalen Gegenwart voller Energie und Zauber. Auf halber Höhe, zwischen dem gewaltigen Sockel und den schwarzen Lava-Rampen des Gipfels nimmt die „Fuji Subaru Line 5th Station" Erdbewohner in Bussen und Autos in Empfang, füttert sie mit Fotomotiven und einer dampfenden Schale Ramen, schickt sie dann zurück ins Tal oder lässt sie auf eine Wanderung zum Gipfelkrater passieren. Die Luft ist klar und kühl, durchzogen von einem subtilen Hauch Schwefel – ein leiser Gruß aus den Tiefen der Erde. Vor uns ragt der Gipfel in stiller Majestät empor, unbeeindruckt von der Hektik der Welt. Es ist, als wäre die Zeit hier stehen geblieben.

Eine Gruppe älterer Pilger legt mit vorsichtigen Bewegungen Blumen nieder, während ein kleines Kind mit einer Kamera kämpft, um die Größe des Berges in einem einzigen Bild festzuhalten. Querformat? Hochformat? – Neben uns diskutiert eine Gruppe junger Wanderer über die Gipfelroute, Landkarten wechseln die Hände, der Bergführer schwört seine kleine Wandergruppe ruhig und konzentriert auf den Weg über die Geröllhalden ein. – Wir werden die Geister am Gipfel in Ruhe lassen. Schauen einfach ins Weite. Schlendern sogar durch die Lädchen und Restaurants, werden dann aber von deren schweren Duft nach kaltem Frittierfett vertrieben. Raus ins Freie. Deshalb sind wir hier: wegen einer mächtigen Natur, nicht wegen Wärme und Souvenirs. Schweigend kurven wir danach zurück ins Tal, durchqueren eine kleine Wolkendecke und landen schließlich am Fuß des Bergs. Der sieht von hier unten unerreichbar fern aus, überirdisch, jenseitig, kurz vor dem Abheben.

Unsere Straße windet sich nun rund um den Berg, durch die umgebenden Täler und Reisfelder, die sich wie ein Flickenteppich in die Landschaft legen. Der Reis ist längst geerntet, doch die Felder verströmen immer noch den süßlich-erdigen Duft der sie umgebenden Wassergräben. Südlich des Fuji liegt das Massiv des Ashitaka, ein Vulkan, der seinem weltweit berühmten Nachbarn gelassen Gesellschaft leistet, und an seinem nördlichen Fuß fahren wir hinüber ins Tal bei Susono, dann rund um Mishima und Shimizu und schließlich bei Izu zurück in die Berge der

そう、富士山は古代の神々の座であると同時に、エネルギーと魔法に満ちたクールな現代においてもロックスターのような存在だ。壮大に広がる麓と山頂の黒い溶岩のスロープの間にある「富士スバルライン5合目」は、バスや車で訪れる人々を迎え入れ、絶好の撮影スポットと熱々のラーメンを提供してくれる。ここからまた谷に戻る人も、山頂へと登り始める人もいる。ひんやりと澄んだ空気にはほのかに硫黄の香りが漂う。まるで地底からの音のない挨拶のようだ。目の前に静かな威厳に包まれた山頂が聳え上がる。浮世の喧騒などに煩わされる様子など全く無い。まるで時間が止まっているかのようだ。

そっと花を供える年配の巡礼者たち、この巨大な山を一枚の写真に収めようとカメラと格闘している小さな子供。フォーマットは横長？縦長？私たちの横では若いハイカーたちが山頂のルートについて話し合っている。地図が手渡され、山岳ガイドが穏やかに、それでいて厳しく、少人数のグループに難しい斜面を登っていく際の注意を伝えているようだ。私たちは頂上に宿る魂を訪れたりしない。ただ遠くから拝ませてもらえるだけでいい。店やレストランをちょっと見てみたが、揚げ物の油の臭いにうんざりして出てきてしまった。やっぱり外の方がいい。自然の力を感じるためにここに来ているのだから。暖を求めに来たわけでもお土産を買いに来たわけでもない。小さな雲を縫うように静かにカーブを切りながら谷に下り、ようやく山の麓に到着する。ここに降りてくると、富士山は神秘的で、別の世界から出現したような、今にも天に浮かび上がっていくような近寄りがたい 存在になる。

私たちの道は山をぐるっとまわり、谷や、パッチワークのように広がった水田を縫うように進んでいく。稲刈りはもうとっくに終わっているが、田んぼはまだそれを取り囲む水溝から甘い土の香りを漂わせている。富士山の南には火山、愛鷹山がある。愛鷹山はその向こうに聳える世界でも有名な山の穏やかなパートナーのように見える。その北麓から裾野付近の渓谷に入り、三島、清水を回って、最後に伊豆に入り伊豆半島の山々に向かう。突然、市街地が消え去り、道路はそこまでの整えられた舗装を脱ぎ捨てたいかのように、豪快な、荒々しくカーブへと変わっていく。仁科峠まで登り、もっと荒々しい道を松崎の海まで下る。水田を通り過ぎ、山がその巨大な岩面で黒い海にすとんと落ちていくかのような風景を通り抜けていく。

松崎に入ると、まるで昔の侍映画の世界に迷い込んでしまったような気分になる。屋根瓦で覆われた黒っぽい木造の家屋が建ち並び、狭い路地には工芸品店が軒を連ねている。港に到着し、ちょっと一息つく。遠く彼方に、雪に覆われた富士山の山頂が黄金色の夕日に輝いている。記憶に深く刻み込まれるイメージだ。脳内に残る静止画、永遠に忘れることなどできない記憶。松崎が多くの日本映画やシリーズの舞台となっているのも不思議ではない。
そこから東に30キロ、そして北に30キロ走ると「河津七滝ループ橋」がある。丘に穿たれた、DNAの螺旋のような鉄筋とアスファルトで作られた二重のループだ。スイングし

HAKONE SKY LINE
箱根スカイライン

gleichnamigen Halbinsel. Schlagartig bleiben die Stadtgebiete zurück und die Straße scheint sich die vergangenen Kilometer auf Stadtautobahnen aus den Knochen schütteln zu wollen, räubert ausgelassen und wild kurvend dahin. Hinauf zum Nishina-Pass, und dann beinahe noch wilder hinunter ans Meer bei Matsuzaki. Vorbei an Reisterrassen, durch schroff aufragende Berge, die mit hohen Klippen in ein beinahe schwarzes Meer stürzen, aus dem mächtige Felskegel ragen. Matsuzaki empfängt uns wie eine Szene aus einem alten Samurai-Film. Die Häuser, aus dunklem Holz gebaut, mit schrägen Ziegeldächern, stehen dicht aneinander und die engen Gassen sind gesäumt von Handwerksläden. Am Hafen angekommen bleiben wir einen Moment stehen. Der Fuji ragt in der Ferne noch immer omnipräsent auf, sein schneebedeckter Gipfel wird von der Abendsonne in Gold getaucht. Es ist ein Bild, das sich ins Gedächtnis tätowiert, Standfoto im Gehirn, Erinnerung forever. Kein Wunder, dass Matsuzaki als Kulisse für so viele japanische Filme und Serien dient.

30 Kilometer nach Osten und dann nach Norden – da ist sie: die „Kawazu Nanadaru Loop Bridge". Zwei konzentrische Spiralen aus massiven Stahlsträngen und Asphalt, die sich wie ein DNA-Strang in die Hügel bohren. In einem ununterbrochenen Schwung schrauben wir uns über die Brückenfahrbahn in die Höhe, während jede Drehung einen neuen Blickwinkel auf die umgebende Natur eröffnet, die jetzt im satten Grün und warmen Braun des Herbstes leuchtet. – Die Konstruktion der Brücke stammt aus den 1980er-Jahren, wurde entworfen, um die steilen Anstiege der Bergregion zu bewältigen, ohne die Landschaft zu zerstören. Auf knapp einem in sich rotierenden Kilometer und über eine Höhe von 45 Metern klettert die Loop Bridge, die beiden Spiralen sind so konzipiert, dass sie den Höhenunterschied mit einer Steigung von nur 6,5 % überwinden. Und sie sollen auf den nun folgenden Kilometern als Adrenalinmomente nicht allein bleiben: Unablässig kurvt die Straße nach Norden, durch die Berge der Izu-Halbinsel, immer mit einigem Abstand zu den Tälern, in die sich

Hinauf zum Nishina-Pass, und dann beinahe noch wilder hinunter ans Meer bei Matsuzaki. Vorbei an Reisterrassen, durch schroff aufragende Berge, die mit hohen Klippen in ein beinahe schwarzes Meer stürzen, aus dem mächtige Felskegel ragen. Matsuzaki empfängt uns wie eine Szene aus einem alten Samurai-Film. Die Häuser, aus dunklem Holz gebaut, mit schrägen Ziegeldächern, stehen dicht aneinander und die engen Gassen sind gesäumt von Handwerksläden.

仁科峠まで登り、もっと荒々しい道を松崎の海まで下る。水田を通り過ぎ、山がその巨大な岩面で黒い海にすとんと落ちていくかのような風景を通り抜けていく。松崎に入ると、まるで昔の侍映画の世界に迷い込んでしまったような気分になる。屋根瓦で覆われた黒っぽい木造の家屋が建ち並び、狭い路地には工芸品店が軒を連ねている。港に到着し、ちょっと一息つき

ながら、ねじ山で切り上げていくかのように走り上がる。カーブを切るたびに、豊かな緑と温かみのある茶色に輝く秋の情景が表情をくるくると変える。景観を損なうことなく、険しい山を超えられる橋。そんな風に構想されたこの橋が建設されたのは1980年代のことだ。ループ橋は、45メートルの高さを1キロ近くもくるくる回転しながら登っていく。2つの螺旋は、わずか6.5%の勾配で、この高低差を克服できるように設計されている。そして、アドレナリンたっぷりの旅は続く。そこから北へと進む道は、市街地が押し寄せる谷とは常に一定の距離を保ちながら、伊豆半島の山々を縫うように容赦なくカーブが続く道なのだから。三国山の麓にある芦ノ湖を通る。その北東の湖畔にある秋の色に美しく染められた箱根神社はなんとも見ものだ。そして長尾峠を超え、御殿場へと下る。左手に富士山が再び姿を現す。最後の一瞥だ。山中湖で方向転換、最終区間に、東に向かって進む。ホームストレート、ゴールまでの一走りだ。カーブと山道はこれでおしまい。道志村を経

ROUTE 136
国道136号

KAWAZU NANATAKI LOOP BRIDGE
河津七滝ループ橋

unablässig Stadtgebiete schieben. Vorbei am Ashi-See, der am Fuß des Mount Mikuni liegt und an dessen Nordost-Ufer es den bunten Hakone-Schrein zu bewundern gäbe, schließlich über den Nagao-Pass, hinunter nach Gotemba. – Mit einem letzten Blick auf den Fuji, der sich links von uns wieder ins Bild schiebt, wechseln wir bei Yamanakako die Richtung, drehen nach Osten ab, auf die letzte Etappe. Die Zielgerade. Das große Finale.

Ein letztes Mal Kurven und Berge: Über Dōshi nach Sagamihara – und dort spuckt uns die Straße in der Zivilisation aus, wie rüde aus dem Fahrzeug geworfene Anhalter, dann verschwindet sie im Gewimmel Japans größer Metropolregion. Moment, Nachtrag: der größten Metropolregion der Welt. 13.560 Quadratkilometer, über 38 Millionen Menschen. Yokohama, Kawasaki, Saitama sowie Chiba, am Ostufer der Bucht von Tokio – und natürlich Tokio selbst. Ganz zu schweigen von den vielen kleineren Stadtgebieten dazwischen, die an sich bereits Millionenstädte sind. Man kann hier ein paar Stunden lang im Shinkansen geradeaus fahren, dem bis zu 300 km/h schnellen Zug, und dabei die ganze Zeit auf Betonstelzen über den Häusern der Stadt unterwegs sein. Unglaublich. Und was jetzt? Verwirrt, maximal herausgefordert stehen wir vor diesem Moloch, mit seinen vielspurigen Netzen von Straßen, die sich unter und über die Stadt schieben. Vielleicht erledigen wir das Wichtigste einfach zuerst: die Fahrt durch den längsten Unterwassertunnel der Welt und zurück. 30 Kilometer Stahl, Beton und blindes Vertrauen in japanische Tiefbaustatik trennen uns von vulkanisch grantelnder Tektonik und den Wassermassen der Bucht von Tokio. Die Luft im Tunnel hinterlässt einen leicht metallischen Geschmack, vielleicht ist das ein Hinweis auf die gigantische Materialschlacht, mit der die Tunnelröhren ins Gestein getrieben wurden? Oder doch einfach nur Einbildung, sozusagen ein olfaktorisches Phantom unserer Klaustrophobie? Der Tunnel ist nur die Ruhe vor dem Sturm. Kaum aufgetaucht, treffen wir auf Tokio – und die Stadt trifft zurück. Knapp, nur ganz knapp über der Gürtelli-

Ein letztes Mal Kurven und Berge: Über Dōshi nach Sagamihara – und dort spuckt uns die Straße in der Zivilisation aus, wie rüde aus dem Fahrzeug geworfene Anhalter, dann verschwindet sie im Gewimmel Japans größer Metropolregion. Moment, Nachtrag: der größten Metropolregion der Welt. 13.560 Quadratkilometer, über 38 Millionen Menschen. Yokohama, Kawasaki, Saitama sowie Chiba, am Ostufer der Bucht von Tokio – und natürlich Tokio selbst.

カーブと山道はこれでおしまい。道志村を経由して相模原へ。まるでヒッチハイカー放り出すかのように、カーブと山道は私たちを文明の中へと吐き出し、日本最大の都市圏の喧騒の中に私たちを置き去りにする。日本最大、いや、世界最大の都市圏だ。13,560平方キロメートルに広がるこの都市圏の人口は3,800万人を超える。横浜、川崎、埼玉、東京湾の東岸にある千葉、そしてもちろん首都、東京。

由して相模原へ。まるでヒッチハイカー放り出すかのように、カーブと山道は私たちを文明の中へと吐き出し、日本最大の都市圏の喧騒の中に私たちを置き去りにする。日本最大、いや、世界最大の都市圏だ。13,560平方キロメートルに広がるこの都市圏の人口は3,800万人を超える。横浜、川崎、埼玉、東京湾の東岸にある千葉、そしてもちろん首都、東京。境界線などない、何百万人もの人口を抱える数えきれないほどの地区がその隙間を埋め尽くしている。この都市圏を時速300キロにも達する新幹線に乗り走ってみると、街の家々の上から頭を覗かせている電柱が途切れることがないことに気付く。信じられない。これからどうしたらいいのだろう？空を、地下を、複数の車線の道路が縦横に走っているこの怪物のような街を目の前に、私たちは混乱し、途方に暮

KAWAZU NANATAKI LOOP BRIDGE
河津七滝ループ橋

HOTEL & RESTAURANT

ITO YUKITEI
1-8 TAKARACHO, ITO
SHIZUOKA 414-0012
WWW.ITO-YUKITEI.COM

IKEDA
2 CHOME-4-4-8 HIRONO, ITO
SHIZUOKA 414-0038
WWW.STEAK-IKEDA.JP

MARUTAKA SEAFOOD RESTAURANT
1 CHOME-16-6 YUKAWA, ITO
SHIZUOKA 414-0002
WWW.ITO-MARUGEN.COM

nie. Ein Meer aus Neonlichtern, Menschenmassen und Wolkenkratzern, das auf uns einbrandet wie eine nie endende Welle. Am Shibuya Crossing, der vielleicht berühmtesten Kreuzung der Welt, stehen wir fassungslos, wie gelähmt. Es fühlt sich an, als wären wir in eine andere Dimension geschleudert worden. Hunderte Menschen bewegen sich in chaotischer Präzision oder einem präzisen Chaos, das uns fremd und faszinierend zugleich vorkommt. Sie alle scheinen zu wissen, wohin sie wollen. Und wir? – Sind verloren. Neu in einem anderen Universum und haben keinen Plan, wohin zuerst. Für einen Moment sehnen wir uns nach der Ruhe zurück, die uns in den letzten Wochen so vertraut geworden ist. Nach den Wäldern, den sanften Kurven der Straßen, dem Duft von Pinien. Doch Tokio lässt keinen Platz für diese Sentimentalität, die Stadt ist laut, lebendig und zieht mit unwiderstehlichem Sog. Also los.

Unsere Recherche führt uns an einen Ort, der verspricht, Tokio von einer anderen Seite zu zeigen. Asakusa, Heimat des Sensoji-Tempels, Tokios ältestem buddhistischen Heiligtum. 645 n. Chr. errichtet, empfängt er uns mit einem Anblick, der allein schon Ehrfurcht weckt: das mächtige, rote Kaminarimon-Tor, geschmückt mit einer gigantischen Laterne, die im schwachen Morgenlicht regelrecht zu glühen scheint. Der Weg hierher führt durch die Nakamise-dori, eine lebhafte Einkaufsstraße, die wie eine Mischung aus Markt und Museum wirkt. Kleine Stände reihen sich aneinander, mit handgefertigten Fächern, kleinen Glücksbringern, kunstvoll verzierten Süßigkeiten und natürlich den berühmten Taiyaki – fischförmige Kuchen mit Füllung, frisch gebacken. Deren Duft zieht uns magisch an. Ein Biss in die mit roter Bohnenpaste gefüllte Variante stellt wieder einmal klar: Japan ist immer für eine Überraschung gut. Und das strahlt auch der Sensoji-Tempel selbst aus, er ist ein Ort der Gegensätze: Durch Fotokameras linsende Touristen suchen das perfekte Motiv, während Einheimische in aller Stille Münzen in die Opferbox werfen, sich verneigen und versunkene Gebete murmeln. Ganz automatisch führen auch wir die

れる。とりあえず一番大切な課題、世界最長の海底トンネルの往復をやってしまおう。全長30KMの鉄とコンクリートが、気まぐれな火山の地質や東京湾の水塊から私たちを守っている。日本の土木工学への狂信を感じさせる建造物だ。坑道内にはほんの少し金属的な香りが漂っている。これは坑道管が岩盤に打ち込まれたときの恐ろしいパワーの置き土産なのだろうか。それとも単なる想像で、閉所恐怖症が鼻を狂わせているのだろうか。トンネルでの走りは嵐の前の静けさだ。トンネルを抜けるすぐに、東京に襲われる。ギリギリ、本当にギリギリの所まで。ネオン、人の群れ、高層ビルの波が留まることなく押し寄せてくる。おそらく世界で最も有名な交差点であろう渋谷交差点で、私たちは麻痺したように呆然と立ち尽くす。まるで異次元に飛ばされてしまったような錯覚に陥る。何百人もの人々が無秩序な規律のなかを動いている。いや、混沌が規律正しく動いているとでも言ったらいいだろうか。奇妙であると同時に、その情景には目を見張るものがある。彼らは皆、自分の進んでいく方向をしっかりと把握しているようだ。私たちはすっかり方向性を失っているというのに。別の宇宙に着陸したばかりの私たちは、まずどこに行ったらいいのか見当もつかない。ここ数週間、心に染み込んできた平穏と静けさが一瞬、恋しくなる。森、穏やかなカーブ、松の木の香り。騒々しく、活気に溢れ、抗しがたい魅力に満ちた東京に来ているのだ。感傷的になっている暇などない。進んでいくぞ。

東京の別の側面を見せてくれる、そんな場所を調べておいたのでそこに向かう。東京で一番古いの仏教の聖地、浅草寺のある浅草だ。私たちを迎えてくれた建立西暦645年のこの門は、それだけでも厳かな存在だ。かすかな朝の光が赤い雷門を飾る巨大な提灯を発光させているかのようだ。この門に向かう仲見世通りを通る。仲見世通りは、市場と博物館が混ざりあったような活気のある商店街だ。手作りの扇子や小さなお守り、芸術品のように美しいお菓子、そしてもちろん、焼きたての魚の形をしたケーキ、かの有名な鯛焼きを売る小さな屋台がずらりと並んでいる。鯛焼きの香りに惹き付けられる。あんこが詰まった鯛焼きにかみつくと、またも、日本は驚きでいっぱいの国であることを痛感させられる。そして、相反する概念で詰まった浅草寺そのものがそれを物語る。完璧な画像を収めようとカメラを覗き込んでいる観光客、静かにお賽銭箱にコインを投げ入れ、目を伏せ、祈りをつぶやく地元の人々。私たちも自動的に目を伏せ、手のひらを合わせてしまう。24時間年中無休でロックンロールのように荒れ狂う街、東京の真ん中で、ホッと深呼吸をする。

ツアーは都心に広がる緑のオアシス、明治神宮へと続く。森だ。東京のど真ん中にある森だ。入り口に堂々構える檜の木の鳥居、まるでこの街のスピードが構内に入り込まないよう見張っている。本堂に向かう途

KAWAZU NANATAKI LOOP BRIDGE
河津七滝ループ橋

DAIKOKU
大黒

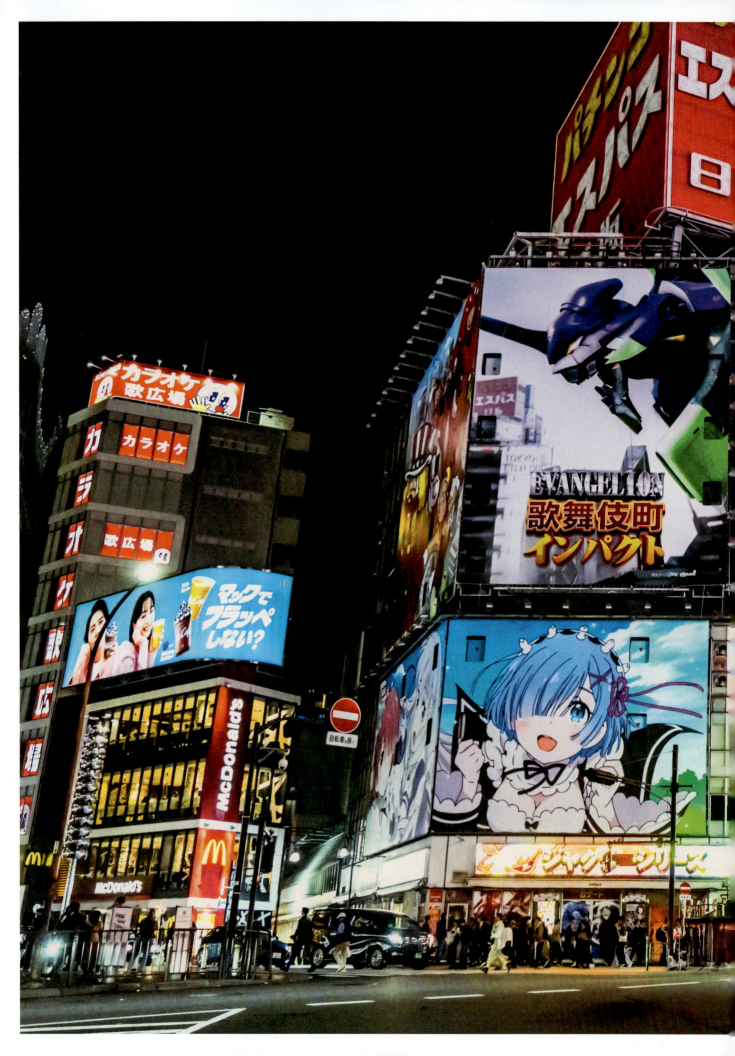

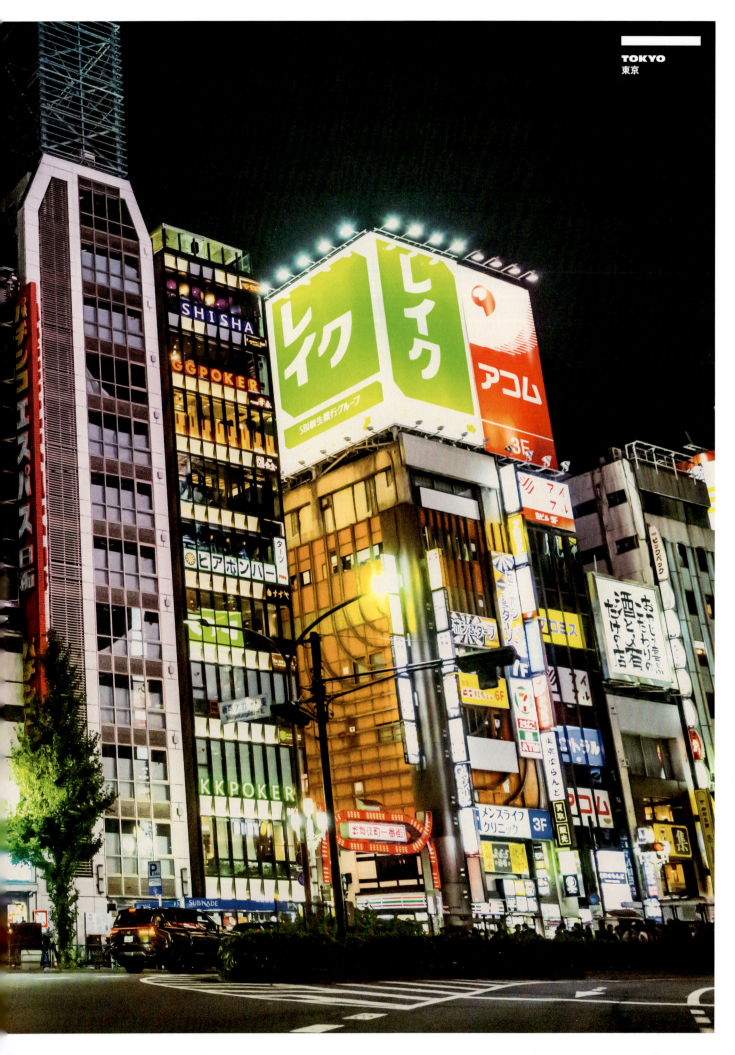

TOKYO
東京

Hände zusammen, halten sie aneinandergelegt und den Blick gesenkt. Durchatmen, während draußen Tokio tobt.

Rock around the clock. Weiter geht es zum Meiji-Schrein, der sich wie eine grüne Lunge im Herzen der Stadt ausbreitet. Ein Wald. Mitten in Tokio. Der imposante Torii-Bogen aus Zypressenholz am Eingang scheint tatsächlich das Tempo der Großstadt draußen zu halten. Auf dem Weg zum Hauptgebäude begleiten uns Einheimische, die ihre Hände am Brunnen waschen, bevor sie beten. Und dann: Münze werfen. Zweimal klatschen. Den Kopf senken. Am Nachmittag tauschen wir Ruhe gegen Trubel. Unser Ziel: der Tokyo Tower, eines der bekanntesten Wahrzeichen der Stadt und für Anime-Fans ein Heiligtum. Ob „Sailor Moon" oder „One Piece" – der rot-weiße Turm mit seinen 333 Metern Höhe ist fester Bestandteil unzähliger Geschichten und taugt ganz nebenbei immer wieder zur Orientierung, wenn man sich im Tosen der Stadt verirrt hat. Wie unten in Akihabara, wo Neonleuchten die Straßen in wirbelndes Bunt tauchen, Anime-Trailer auf riesigen Bildschirmen flimmern und das Bliepen der Arcade-Maschinen in den Gameshops zum hypnotischen Soundtrack wird. Hier gibt es alles: seltene Manga-Bände aus den Tiefen der menschlichen Fantasie, Retro-Videospiele, die auch nach Jahrzehnten noch ihren Kultstatus ausbauen, und sinnlos scheinende Hightech-Gadgets, die mehr nach Science-Fiction als nach Alltag aussehen. Es sei denn, Roboter-Katzen und Godzilla-Abwehr fallen unter Alltag.

Wo unsere Reise schließlich endet? – In einem der berüchtigten Maid-Cafés, na klar. Willkomen in Absurdistan, wo als Manga-Figuren verkleidete Kellnerinnen Kaffee mit aufgeschäumten Herzchen servieren, während sie zu hektisch bliependen Anime-Songs tanzen. Crazy. Kindliche Verspieltheit meets surreale Inszenierung, totaler Absturz in eine Fantasiewelt ohne Wiederkehr. Ist das ein Gegenentwurf zur harmoniegetränkten Ruhe eines Zen-Gartens? – Nicht in Japan. Hier ist das alles eins.

Crazy. Kindliche Verspieltheit meets surreale Inszenierung, totaler Absturz in eine Fantasiewelt ohne Wiederkehr. Ist das ein Gegenentwurf zur harmoniegetränkten Ruhe eines Zen-Gartens? – Nicht in Japan. Hier ist das alles eins.

クレイジー。子供のような遊び心とシュールな演出が融合し、ファンタジーの世界に没入する。これは、禅の庭の調和に満ちた静けさに対するアンチテーゼなのだろうか？そんなことはない。全てが混ざり合い共生する、それが日本だ。

中、祈祷の前に井戸で手を洗う日本人を見かける。彼らはきれいな手で賽銭箱にコインを投げ入れ、2回手をたたき、頭を下げる。

午後には、平穏と静寂から喧騒へと飛び出していく。目的地は、東京で最も有名なランドマークのひとつであり、アニメファンにとっては聖地でもある東京タワーだ。『セーラームーン』であれ、『ワンピース』であれ、この高さ333メートルの赤と白の塔は、数多くのストーリーに欠かせない存在であり、街の喧噪の中で道に迷ったときの道しるべとしても役に立ってくれる。例えば秋葉原に来てみると、自分が東京のどの方角にいるのかを教えてくれる。ネオンがカラフルに通りを照らしだし、巨大なスクリーンにアニメの予告編がちらつき、ゲームセンターの音が催眠術のサウンドトラックのように聞こえてくる。なんともギラギラの地区だ。ここには、人間の想像力の奥底から生まれた希少な漫画、数十年経った今でもカルト的人気を誇るレトロなビデオゲーム、日常生活というよりSFのような一見無意味なハイテク機器など、何から何まで揃っている。ロボット猫やゴジラが日常生活に入り込んでいる世界には必要なものなのだろう。私たちの旅の最終地点は？悪名高いメイドカフェだ。マンガのキャラクターに扮したウェイトレスが、アニメソングに合わせて踊りながら、ハートの泡が浮かんだコーヒーを持ってきてくれる。クレイジー。子供のような遊び心とシュールな演出が融合し、ファンタジーの世界に没入する。これは、禅の庭の調和に満ちた静けさに対するアンチテーゼなのだろうか？そんなことはない。全てが混ざり合い共生する、それが日本だ。

RESTAURANT

GINZA SUSHIYOSHI HANARE
6 CHOME–7–4
GINZA, CHUO CITY
TOKYO 104-0061

FUJIYOSHIDA TOKIO 富士吉田 東京

Vielleicht ist die Runde über die Izu-Halbinsel im Süden eines der berühmtesten Vulkane der Welt ja nur eine Fluchtbewegung, ein letztes Hinauszögern, bevor es nach Tokio geht? – Wir starten im Norden des Fuji, fahren die Straße an der Nordflanke des 3.776 Meter hohen Vulkans hinauf und genießen dort den Blick ins Land, bevor es auf die große Umrundung dieser Fotomotiv-Legende geht: Fuji mit schneebedecktem Gipfel, rosafarbene Kirschblüte, blauer Himmel. Und dann fahren wir nach Süden, vorbei an Städten wie Susono, Nagaizumi und Shimizu, bis wir bei Izu das Tor zur gleichnamigen Halbinsel erreicht haben. Mit einer großen Runde durch die dicht bewaldeten Berge und einem Abstecher ans Meer bei Matsuzaki setzen wir den zweiten Höhepunkt der Etappe, bevor wir aus östlicher Richtung zurück zum Fuß des Fuji gelangen. Von hier aus fahren wir bei Dōshi über die Berge rund um den Mount Tanzawa, landen dann bei Sagamihara in der Metropolregion Tokio. Ab hier verlieren sich alle Spuren im Irrwitz des größten Stadtgebiets der Welt.

—

世界で最も有名な火山の南から、伊豆半島へ南下するこのルートは、東京に向かう前の最後の逃避なのかもしれない。富士山の北側からスタートし、標高3,776メートルのこの火山にクルマで登れる地点まで登り上がり、そこからの風景を楽しむ。そして富士山大周遊に出発する。雪で覆われた頂、ピンク色の桜、青空。そんな写真のモデルになっているこの山をぐるりと眺める。そして南下し、裾野、長泉、清水といった町を過ぎ、伊豆半島の玄関口に到着する。鬱蒼とした森に覆われた山々を抜け、松崎の近くでちょっと海を眺める。このルートの2つ目のハイライトだ。ここから道志の丹沢山地の山々を越え、首都圏の相模原に到着する。そしてそこから先は、世界最大の都市圏の狂気の中で私たちの足跡がすべて失われていく。

590 KM • 4-5 TAGE // 367 MILES • 4-5 DAYS // 590 KM • 4-5 日間 // 367マイル •4-5 日間

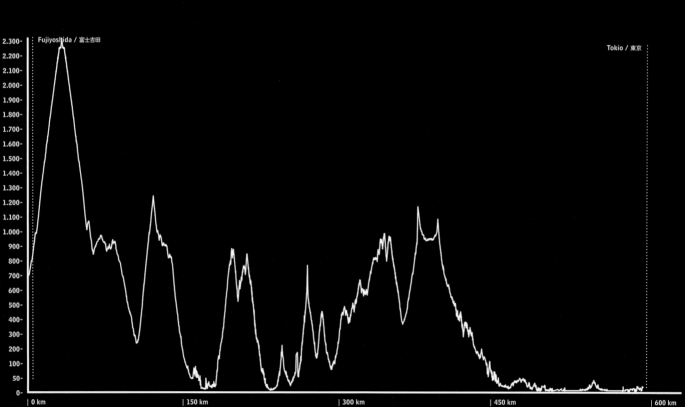

ASK THE LOCAL
地元の人に聞いてみて

Wir haben es bereits gesagt: Japan, das war für uns weit weg, fremd, sagenumwoben, geradezu mystisch. Doch schon bevor wir den ersten Schritt auf japanischem Boden taten, wussten wir, dass wir Tacamizuma Norihiro treffen wollten. Da waren zunächst ein paar Fotos auf Instagram von seiner Bar twelv. Nicht irgendeine Bar, sondern eine Sake-Bar mit ganz viel Atmosphäre und einer überwältigenden Auswahl an Bio-, Premium- und Craft-Sakes aus ganz Japan. Aber nicht nur die gastronomische Erfahrung verspricht Weltklasse – die Inneneinrichtung stammt von den Mode- und Einrichtungsexperten Komar Kehal (Alexander Wang) und Abilio Hagihara (Prada). Tradition kombiniert mit Innovation, das scheinen die Leitlinien von Tacamizuma Norihiros Wirken zu sein. CURVES hat ihn getroffen und versucht herauszufinden, ob das stimmt.

すでに言ったように、私たちにとって日本は遠く、未知で、伝説に包まれた、とにかく神秘的な国だった。しかし、日本に着陸する前から、髙三瀦徳宏に会ってみたい、とは思っていた。インスタグラムで彼のバー、twelvの写真を数枚見ていたからだ。ただのバーではない。日本全国からオーガニック、プレミアム、クラフトと、多種多様な日本酒が集まった雰囲気たっぷりの日本酒バーだ。そして、ここではグルメ体験だけがワールドクラスなのではない。ファッション&インテリアデザイナー、Komal Kehal (Alexander Wang)とAbilio Hagihara（Prada）が手掛けたというインテリアデザインも超一級だ。伝統と革新の融合--これが髙三瀦徳宏の信条のようだ。CURVESは彼を訪れ、そんな印象に誤解がないかを確かめてきた。

Wir möchten dich kennenlernen – beschreibe dich in fünf Worten. Launenhaft, detailverliebt, minimalistisch, gradlinig, old-school.

Was motiviert dich? Wie sehr kann man das Leben genießen – und wie tief kann man es durchdringen?

Wie bist du zum Sake gekommen, und was sind die wichtigsten Dinge, die man wissen muss, um das zu verstehen? Aus dem Wunsch heraus, die schöne japanische Kultur auf coole Weise in die moderne Welt zu tragen. Alkohol ist eng mit der Geschichte und Kultur eines Landes verbunden. Um Japans tiefe und faszinierende Kultur weltweit zu präsentieren, habe ich Sake als ein zentrales Element gewählt. Da es viele Brauereien und Sorten von Sake gibt, ist es wichtig, dass jeder ihn individuell nach seiner eigenen Wahrnehmung erlebt.

Was möchtest du erreichen? Dass möglichst viele Menschen Japan lieben und respektieren lernen. Und dass ich mein Unternehmen "twelv." in den wichtigsten Metropolen der Welt eröffnen kann.

Was macht einen guten Sake aus? Es braucht guten Boden für den Anbau von Sake-Reis, sauberes und qualitativ hochwertiges Wasser und einen erfahrenen Toji (Sake-Braumeister).

Welche Dinge und Denkweisen sind deiner Meinung nach „typisch japanisch"? Die Fähigkeit, sich stets in die Lage anderer zu versetzen, Aufrichtigkeit, Bescheidenheit, Anpassungsfähigkeit und Teamgeist – das sind besonders japanische Eigenschaften.

Was macht Japan besonders? Die Tatsache, dass Japan eine Inselnation ist. Dass es nie besetzt wurde. Die wunderschöne Landschaft, die einzigartige Kultur, die durch die Natur und die vier Jahreszeiten geprägt wurde – all das macht es besonders.

Wenn wir dich an deinem Lieblingsort suchen wollten – wo würden wir dich finden? Natürlich an meinem Lieblings-Kaffeestand.

Rennstrecke, Landstraße oder Gebirgspass? Ich liebe Rennstrecken, aber in letzter Zeit fahre ich je nach Stimmung und Jahreszeit überall hin.

Wenn du fährst, wohin führt dich der Weg? Die Wahl des Autos und das Wetter entscheiden – ich lege selten ein festes Ziel fest, sondern lasse mich von meiner Laune treiben.

Was ist das Schönste, was dir jemals auf der Straße passiert ist? Ein Reifenplatzer auf der Autobahn, gefolgt von einem dreifachen Dreher.

Und was läuft im Autoradio? Entweder aktueller J-Pop oder Deep House.

ご自身を5つの言葉で表現してもらえますか？気分屋、凝り性、ミニマル、真っ直ぐ、オールドスクール。

あなたのモチベーションは何ですか？人生をどこまで楽しめるか、そしてどこまで突き詰めるか。

日本酒を始めたきっかけは？そして、日本酒を理解するために最も重要なことは何ですか？日本の美しいカルチャーを現代にCOOLに世界に伝えたいとの想いから。アルコールはその国の歴史や文化と深く繋がりがあり連動があります。日本の深く美しいカルチャーを世界に向けて発信するにあたって日本酒は一つの重要なアイテムだと考えたからです。日本酒と一言で言ってもたくさんの蔵や種類があるため、個人個人の感性で感じることが重要だと思います。

あなたのゴールは？1人でも多くの人が日本が好きになってもらえてリスペクトしてもらえること。私が営むTWELV.を世界の主要な中心都市でオープンすること。

良い日本酒とは？添加物が少なく、原料や土壌に拘った作り手の思いや匠の技が詰まった日本酒。

「　日本人らしい」と思うものや考え方は何ですか？常に相手の立場に立って物事を考えることや、誠実さ、謙虚さ、協調性やチームワークは特に日本人らしいところだと思います。

日本を特別な国にしているものは何でしょう？島国であること。占領された歴史が無いこと。美しい地形や独自な文化、それを育てた自然と四季は特別なものだと思います。

お気に入りの場所にいるあなたを見つけたいと思ったら、どこに行ったらいいですか？クルマを停めれる都内のコーヒースタンド。

レーストラック、田舎道、それとも峠道？レーストラックはやっぱり好きだけど、最近は気分と季節によって何処にでも。

クルマを走らせる時には、どこに進んでいきますか？選んだクルマと天気によって決まります、あまり目的地は決めないで気分次第で。

これまでの運転歴で起こった最高の出来事は？高速道路でバーストからの3回転スピーン。

カーラジオからは何が流れていましたか？そのとき流行りのJPOPかDEEP HOUSE

BAR TWELV.

MBF1, THE WALL, 4-2-4, NISHIAZABU, MINATO-KU, TOKYO

AD MUSEUM TOKYO
アドミュージアム東京

CATETTA SHIODOME, 1 CHOME-8-2
HIGASHISHINBASHI, MINATO CITY 105-7090
WWW.ADMT.JP

JAPAN / 日本

WORTH A VISIT
訪れる価値あり

日本 / JAPAN

TSUTAYA BOOKS DAIKAN-YAMA

DAIKANYAMA T-SITE
16-15 SARUGAKUCHO, SHIBUYA
TOKYO 150-0033
STORE.TSITE.JP/DAIKANYAMA/

日本 / JAPAN

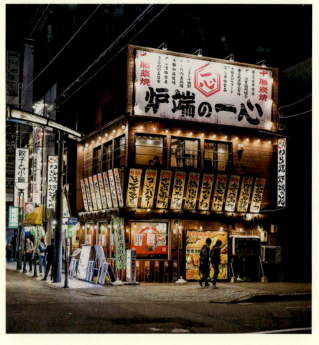

BACKSTAGE
バックステージ

Autofahren. Fotografieren. Navigieren. Recherchieren. Warten. Kommunizieren. Zurechtfinden. Entdecken. Staunen. Lachen. Fasziniert sein. Freunde machen. Überrascht werden. – Ungefähr das, in wechselnder Reihenfolge und Intensität, sind die Dinge, mit denen wir uns unterwegs beschäftigen. Sie machen CURVES aus, den Prozess der Entstehung einer ganz besonderen Reise. Mit jeder Ausgabe, jeder Reise hat sich auf einer zweiten Ebene aber noch etwas anderes eingenistet: Essen. Irgendwie lassen sich die Länder, Regionen und Kulturen dieser

クルマを走らせる。写真を撮る。ナビゲートする。調査する。待つ。コミュニケーションをとる。戸惑っても解決していく。発見する。感嘆する。笑う。魅了される。友人を作る。驚かされる。私たちが旅路でしているこのリスト。順番が入れ替わることもあるし、強弱も変わってくるが、まあこんなところだ。CURVESとは、特別な旅が生まれるプロセスだ。しかし、毎号、毎回、あるものがサブレベルに根を張ってきた。食だ。世界の国、地域、文化は、台所をちょっと覗くことで簡単に発見できる。何故だろう。これは特に日本に当てはまる。イタリア料理やフランス料理と並んで、日本料理は料理界のワールドスターだ。驚くほど新鮮な素材、本来の味を大切にした調理、クリアな味わいは、世界中でそれ

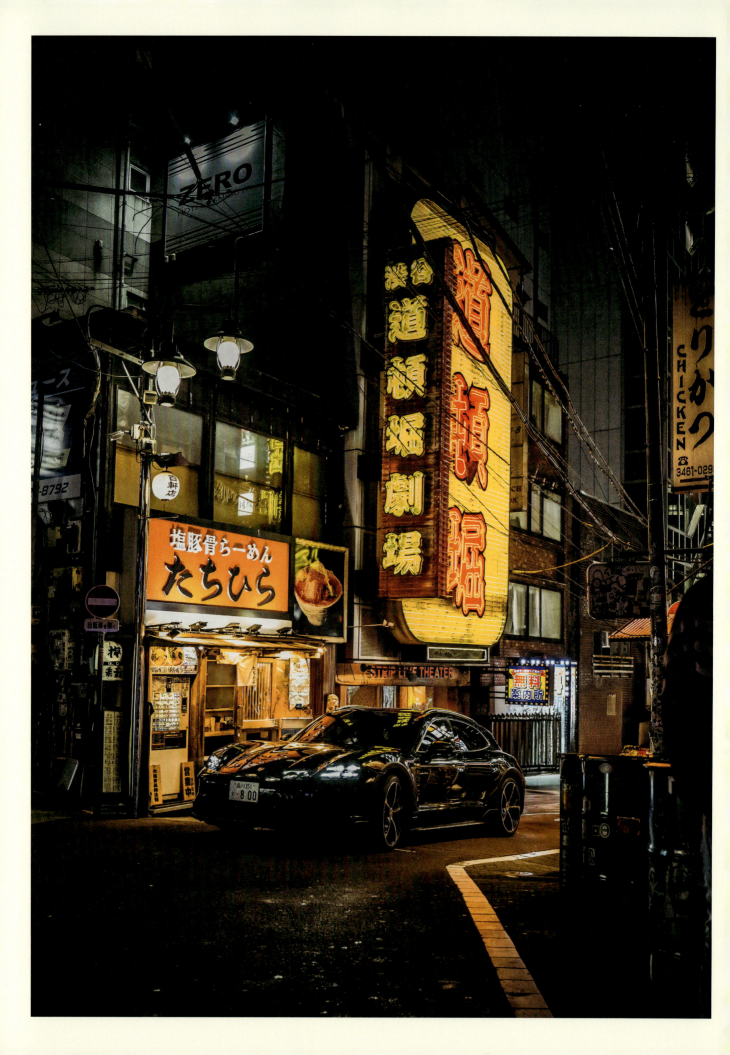

Welt einfach hervorragend bei einem Streifzug durch ihre Küche entdecken. Für Japan gilt das ganz besonders. Neben der italienischen und der französischen gehört die japanische Küche vermutlich zu den globalen Stars, mit ihren faszinierend frischen Ausgangsprodukten, den reduzierten Zubereitungsweisen und klaren Geschmäckern hat sie auf der ganzen Welt regelrechten Legendenstatus erreicht.

Es ist aber eine Sache, ordentliches Sushi irgendwo in einer US-amerikanischen oder europäischen Großstadt vom Förderband zu futtern, und eine ganz andere Sache, unfassbar frischen Fisch in einem unscheinbaren Restaurant direkt am Japanischen Meer zu essen und dabei zuzusehen, wie der Koch sein Messer mit anrührender handwerklicher Präzision und tiefer Hingabe führt. Wie mundgerechte, einen in süßen Geschmackswahnsinn treibende Wagyu-Stücke über Holzkohle gegrillt werden. Wie der Inhalt einer Ramen-Schale sorgfältig geschichtet, mit heißer Brühe übergossen und dem obligatorischen Ei ergänzt wird. Wie Muscheln, Fisch, Krabben und Gemüse auf der heißen Teppanyaki-Platte perfekt gegart und dann mit spitzen Stäbchen auf kleinen Tellerchen arrangiert werden. Japan hat in dieser Hinsicht unsere Erwartungen nicht nur erfüllt, sondern sie spektakulär übertroffen: Wir haben während einer mehrere Wochen dauernden Reise durch Japan nicht ein einziges Mal schlecht gegessen. Wenigstens bemerkenswert gut, immer wieder hervorragend und nicht selten sogar ausgezeichnet. Selbst der kulinarische Running Gag des CURVES-Teams, ein zwischendurch immer wieder an der Tankstelle gekaufter Obstsalat, war von großartiger Qualität. Penibel geschnitten, liebevoll arrangiert. Ein Tankstellen-Obstsalat ...

Zweite Larger-than-Life-Experience: der japanische Gemeinschaftssinn. Dass Japaner das Individuum zuerst als Teil einer Gemeinschaft sehen, mag eine im Westen oft angeführte Binsenweisheit sein, aber unterwegs in Japan scheint das wirklich fühlbar zu werden: Die Menschenströme in den Städten bewegen sich wie Fischschwärme, in unabgesprochen disziplinierter Gemeinsamkeit und nicht gegeneinander. Im Verkehr wird nicht gehupt und gedrängelt, man sieht einander, aufmerksam, klar und ruhig. Japan kommt uns bemerkenswert leise vor, man exponiert sich nicht, ruft und brüllt nicht. Selbst Mülleimer sind im ausgesprochen sauberen öffentlichen Raum nur sehr selten zu sehen, weil Japaner ihren unterwegs angefallenen Müll einfach wieder mit nach Hause nehmen – anderswo wäre ein so diszipliniertes und am Allgemeinwohl orientiertes Verhalten unvorstellbar. Und übrigens: Auch dass japanische Häuser selten ein besonders ansprechendes Äußeres haben, sondern oft eine Geschichte von pragmatischer Beliebigkeit erzählen, ist uns aufgefallen – wir hatten ein völlig anderes Bild. Hätten feinen Stil, sinnlich und ruhig vorge-

にふさわしい伝説的な地位を獲得している。しかし、アメリカやヨーロッパの大都市でベルトコンベアーの上で作られた寿司を食べるのと、日本の海沿いの気取らないレストランで信じられないほど新鮮なネタを食べ、シェフが感動的なほど正確に、心をたっぷり込めて包丁を振るう姿を見るのは、まったく別世界の話だ。一口大にカットされ、炭火で焼かれ、私たちを甘い味覚の狂気に陥らせる和牛。具材を丁寧に重ね、熱いスープをかけ、お決まりの卵を添えるラーメン。熱々の鉄板の上で完璧に焼かれ、先の細い箸で小皿に盛り付けられる貝類、魚、海老、野菜。この点に関して言えば、日本は私たちの期待に応えてくれた、いや、遥かに期待を超えるものであった。数週間日本を旅したが、一度もまずい食事が出てきたことはなかった。最低でも美味しく、ほとんどの場合は素晴らしく美味しく、極上、と唸らされたこともしばしばあった。ガソリンスタンドでちょっと買ってみた果物の盛り合わせでさえ日本では素晴らしかった、とCURVES社内では冗談になってるほどだ。丁寧にカットされ、愛情たっぷりにアレンジされている。ガソリンスタンドの果物の盛り合わせ……。

もう一つ、強い印象を受けたのは、日本人の共同体意識。日本人は何よりもまずそれぞれが共同体の一部であると意識して行動する。これは欧米ではよく引用される定説だろうが、日本を旅行すると、このことが肌に染みて実感できる。都市の人々の流れは、魚の群れのように互いを妨げることなく、規律正しく動く。交通渋滞でもクラクションを鳴らしたり、割り込みすることなく、注意深く、はっきりと、落ち着いた様子で周りの人々をしっかりと見ている。日本は私たちから見ると驚くほど静かで、日本人は自分をさらけ出したり、人に大声で話しかけたりしない。ゴミ箱もめったに見かけないというのに、公共スペースは驚くほど清潔だ。日本人は自分のゴミをそのまま家に持ち帰るからだ。このような公共の利益を大切にする規律ある行動は、他の国では考えられないことだろう。またちょっと話は逸れるが日本の住宅にはハッと素敵な外観のものはほとんどなく、実用的で特に特徴がないものばかりであることにも気が付いた。洗練されたスタイル、官能的で落ち着きのある美学を見ることができるだろうと期待していたので拍子抜けだった。しかし、それも日本で知り合った人たちを訪れ、彼らが私生活の中でそれを補っているのに気づくまでの話だ。個人の住宅やレストランを訪れ、整然としていながらも寛げる、なんとも優しい雰囲気が、時につまらない外観の家の裏に隠されていることにいつも驚かされた。あまりに外観がつまらないからと言って、この国でレストランに入るのを躊躇してしまうのは、致命的なミスになるかもしれない。

なぜそうなのだろうか？なぜ日本は実用主義に縛られているのだろう。道中出会った日本人の知人たちは、いつもほんのり笑みを浮かべながら、それを実にさまざまな方法で私たちに説明してくれた。私たちに知る人ぞ知るインサイダー情報を共有してくれているのか、それとも日本について限られた想像力しかない外国人にできるだけ説得力のある話をしてくれているだけなのかは、はっきりとはわからなかった。いずれにせよ、最初の説明はこんなものだった。日本列島は4つのプレートの上に位置しており、定期的に地震や津波に見舞われる。そして特に南日本では三つ目の天災として台風が加わる。このような自然の力は、景観や家屋を繰り返し破壊してしまうものであり、堂々とした、あるいは過度に豪勢な建物を建設することは経済的に意味がない、と。

2つ目の説明は、日本人はまず共同体でものごとを考えるので、普通の人が自分の持ち物をあまり目立つように飾るのは下品だと思われかねない。これには納得できなかった。日本人がいくつかの分野において、極めて才覚に溢れ、時には過剰とも言えるほどの創意工夫を凝ら

日本 / JAPAN

tragene Schönheit erwartet. Bis wir zu Besuch bei neu gewonnenen japanischen Bekannten waren, und feststellen mussten, dass Japaner sich und ihre Individualität nach außen selten prominent zeigen, das hier Verpasste aber durchaus im Privaten nachholen. Wir waren nahezu immer überrascht, welche aufgeräumt-einladende Atmosphäre sich hinter teilweise belanglosen Fassaden verbergen konnte, sei es zu Besuch in Privathäusern oder Restaurants. Sich in Japan wegen einer allzu tristen Fassade vom Besuch eines Restaurants abhalten zu lassen, könnte sich als fataler Fehler entpuppen.

Weshalb das so ist? Weshalb Japan eine Zweckehe mit dem Pragmatismus führt? – Unterwegs getroffene japanische Bekannte haben uns das auf sehr unterschiedliche Weise erklärt, und zwar stets mit einem feinsinnigen Schmunzeln, dem nie so wirklich zu entnehmen war, ob man gerade Teilhaber exklusiven Insider-Wissens wird, oder ob einfach nur den Fremden eine möglichst überzeugende Geschichte präsentiert wird, die ihren bestimmt eingeschränkten Vorstellungen von Japan entspricht. Die erste Erklärung geht jedenfalls so: Die Inseln Japans liegen auf vier tektonischen Platten und werden daher regelmäßig von Erdbeben geschüttelt oder von Tsunamis heimgesucht, besonders im Süden Japans kommen Taifune als drittes Zerstörungselement hinzu. Diese Naturkräfte zerstören Landschaft und Häuser immer wiederkehrend, es ergibt daher wirtschaftlich keinen Sinn, imposante oder allzu repräsentative Gebäude zu erbauen.

Die zweite Erklärung? – Japaner denken zuerst in Gemeinschafts-Kategorien, es kann daher als unanständig betrachtet werden, wenn gewöhnliche Menschen allzu ausgeprägt ihren individuellen Besitz zeigen … Zugegeben: Das hat uns nicht überzeugt. Der ausgesprochen findige und manchmal fast exzessive Erfindungsreichtum, mit dem Japaner in manchen Dingen ihr Individuum sichtbar machen, ist spektakulär und passt eher schlecht zur Legende vom im Konformitäts-Trott eingezwängten Asiaten. Einfach mal zu den nächtlichen Auto-Tuning-Treffs gehen oder nach Büroschluss auf die örtliche Partymeile abbiegen … Japan kann kreativ, laut, bunt und mitreißend durchgeknallt sein. Ganz individuell und mit einer unschuldig überdrehten Extrovertiertheit. Die dritte Erklärung holt etwas weiter aus: Im Shintō-Glauben gelten Orte, an denen ein Mensch gestorben ist, traditionell als unrein, man hat daher in der japanischen Geschichte nach dem Tod von Herrschern den Sitz ihrer Dynastie immer wieder an einen anderen Ort verlegt. Selbst Götter-Schreine wurden und werden nach ein paar Jahrzehnten der Nutzung niedergebrannt und neu erbaut. Eben dieses Denken in Vergänglichkeits-Perspektive könnte die japanische Kultur auch in anderer Hinsicht bis unter die Haut prägen … Gebrauchte Dinge haben in Japan bis heute kein gutes Image, sie gelten

Was am Ende der Reise bleibt? – Erinnerungen, wie im Wind wirbelnde Kirschblütenblätter. Klippen im Meer. Kleine Straßen wie Asphaltschnüre, unaufhörlich schwingend, im dichten Wald. Und den kühlen Duft nach Moos in der Nase. Der erste, heiße Schluck aus einer Ramen-Schüssel am kleinen Stand oben auf dem Parkplatz am Mount Fuji. Das Leuchten der Schreine, sich spiegelnd im völlig ruhigen Wasser eines Sees. Bizarre Tempel, leuchtend wie Juwelen. In völliger Ruhe verharrende Gärten. Die schmalen Gassen des Gion-Viertels von Kyoto, von sanftem Laternenlicht erleuchtet. Und die „City of Blinding Lights", Tokio. Explodierende Manga-Welten, organisch funktionierendes Chaos, das im Neuen weiterlebende Alte. – Einen kurzen Moment lang halten wir all die Bilder fest, atmen tief ein. Und dann aus, lassen die Bilder gehen. Damit sie anders wiederkommen.

旅の終わりに残ったものは？風に舞う桜の花びらのような思い出。海に浮かぶ断崖。鬱蒼とした森の中を常にカーブを描きながら進む線のように細い道。そして鼻に残る苔の涼しげな香り。富士山の駐車場にある小さなスタンドで食べたラーメンの最初の熱い一口。穏やかな湖面に映る神社の輝き。宝石のように輝く摩訶不思議な寺院。静寂に包まれた庭園。提灯の明かりに照らされた京都祇園の細い路地。そして"CITY OF BLINDING LIGHTS"、東京。爆発する漫画の世界、有機的に流れるカオス、新しいものの中に生き続ける古いもの。しばらくの間、私たちはすべてのイメージをしっかりと心で掴み、深呼吸をする。そして、イメージを解き放つ。こうすれば、このイメージは違った形で戻って来てくれるだろう。

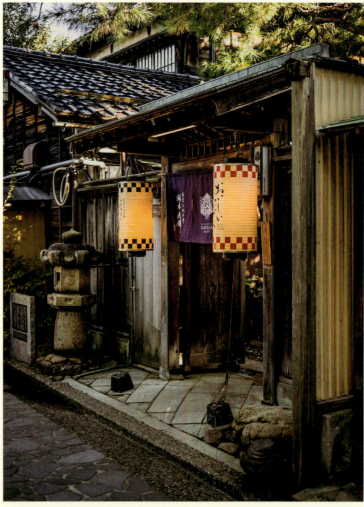

als „beschädigt" oder „entwertet", die Leidenschaft vieler Japaner für klassische Automobile ist daher beinahe ein Paradoxon und auch erst in den letzten Jahrzehnten langsam gewachsen.

Und wie. Die Auto-Szene Japans hat uns abgesehen davon einerseits fasziniert, andererseits in echte Verzweiflung gestürzt. Wer Autos wie Haikus erwartet, die klaren und einfachen, gleichzeitig tiefgründigen Reime, wird schwer enttäuscht: Die japanische Standardmotorisierung ist weiß lackiert und von bestechender Banalität. Japanische Auto-Klassiker sind – wenn auch von ihren Fans heißgeliebt – selten, auch die Automobilkultur des Landes scheint vom pragmatischen Geist des „Niederbrennens und Neuerbauens" geprägt zu sein: Bei vielen Modellwechseln bleibt oft kein Stein auf dem anderen. Ein klein wenig wurmt es uns ja, dass wir diese Facette Japans in all ihrer Vielfalt nicht mehr unter die Lupe nehmen konnten, eine mikroskopisch kleine Reise durch die Eingeweide von Tokio in einem der Bonsai-Autos der Kei-Car-Kategorie, ist ein kleiner Traum geblieben. Aber hey – auf den vielen Hunderten von Kilometern über die großen Inseln Hokkaidō und Honshū waren uns die von Porsche Japan und der japanischen Porsche-Fanszene zur Verfügung gestellten Reisegefährten dann doch lieber: Von den vollelektrischen Taycan- und Macan-Modellen, über flammend fahraktive 718 zur Kurvensuche in den „Japanischen Alpen", bis hin zu penibel gepflegten Klassikern, waren wir mehr als ideal motorisiert. – Dankeschön, Dankeschön. Domo Arigatou. どうも有難う.

Mit dem Besuch im Porsche Experience Center in Tokio haben wir beinahe schon einen Traditions-Stopp eingelegt. Die PEC gibt es mittlerweile rund um den Globus und CURVES durfte den Machern im Entstehungsprozess dieser einzigartigen Marken- und Fahrfreude-Erlebnis-Hubs immer wieder über die Schultern schauen oder sogar aus dem CURVES-Modus etwas beitragen. Ehrensache also, dass wir auch im PEC Tokio zu Gast sein wollten. Was am Ende der Reise bleibt? – Erinnerungen, wie im Wind wirbelnde Kirschblütenblätter. Klippen im Meer. Kleine Straßen wie Asphaltschnüre, unaufhörlich schwingend, im dichten Wald. Und den kühlen Duft nach Moos in der Nase. Der erste, heiße Schluck aus einer Ramen-Schüssel am kleinen Stand oben auf dem Parkplatz am Mount Fuji. Das Leuchten der Schreine, sich spiegelnd im völlig ruhigen Wasser eines Sees. Bizarre Tempel, leuchtend wie Juwelen. In völliger Ruhe verharrende Gärten. Die schmalen Gassen des Gion-Viertels von Kyoto, von sanftem Laternenlicht erleuchtet. Und die „City of Blinding Lights", Tokio. Explodierende Manga-Welten, organisch funktionierendes Chaos, das im Neuen weiterlebende Alte. – Einen kurzen Moment lang halten wir all die Bilder fest, atmen tief ein. Und dann aus, lassen die Bilder gehen. Damit sie anders wiederkommen.

して個性を視覚化していることには圧倒させられるものがあったからだ。協調性にこだわるアジア人という評判にはむしろそぐわない。夜な夜な開催される車のチューニング・ミーティングに参加したり、仕事の帰りに地元の飲み屋街に行ったり……。日本はクリエイティブで、派手で、カラフルで、クレイジーな国なのだ。個性が強く、度を超えて無邪気な社交性がある人たち、そんな日本人を体験した。

3つ目の説明はもう少し掘り下げたものだった。神道では、人が死んだ場所は伝統的に不浄の場所とされてきた。そのため日本の歴史では、支配者の死後、朝廷は常に別の場所に移されてきた。神々を祀る神社でさえも、数十年使用した後に焼き払い、再建される。まさにこの無常観こそが、日本の骨の髄まで染み込んだ文化を別の意味でも形作っている。日本では今日に至るまで、中古品はあまり良いイメージのものではない。「傷んだもの」や「価値がなくなったもの」とみなされる。それゆえ、日本人のクラシックカーへの傾倒は、ほとんど逆説的であるが、この傾向は数十年で徐々に広がってきたものに過ぎない。徐々に広がった？いや、物凄い勢いで広がってきたもののようだ。

日本の自動車のシーンには一方では魅了され、他方では本当にがっかりしてしまった。明快でシンプルでありながら深みのある、韻を踏む、そう、俳句のような車を期待したら、ひどく失望するだろう。日本の標準的なクルマの色はホワイト、驚くほど平凡だ。ファンは愛してやまないとはいえ、日本のクラシックカーは希少であり、この国の自動車文化は「焼き払っては、新しく作り直す」という実用主義的な精神によって特徴付けられているようだ。頻繁に行われるモデルチェンジをみても、前のモデルとは何のかかわりもないようなクルマになっていることがしばしばだ。 こんな多様性に富んだ日本の様々な側面を、もっと詳しく見ていくことができなかったことに、ちょっとした苛立ちを感じている。盆栽のような軽自動車に乗って東京の本当の姿を発見する、そんなドライブもささやかな夢のままに終わった。しかし、北海道と本州といった大きな島を何百キロも縦断する旅には、ポルシェ・ジャパンと日本のポルシェファンが用意してくれたクルマのほうが有難かった。タイカンやマカンのオールエレクトリックモデルから、"日本アルプス"で炸裂のコーナリングを決めた718、そして丹念に整備されたクラシックまで。理想的なアシを履かせてもらった。–ありがたいことだ。感謝。DOMO ARIGATOU. どうも有難う。

ポルシェ・エクスペリエンス・センター（PEC）への訪問は、旅の伝統になっていると言ってもいい。東京でももちろん訪れた。PECは今では世界中にある。CURVESはポルシェと言う無類のブランドを、そしてドライビングプレジャーを体験させてくれるこの PECという 特別な場所が形作られていくプロセスを体験してきたし、そこにCURVESなりの貢献もしてきた。だから、PEC東京のゲストになれたことも栄誉あることだ。

旅の終わりに残ったものは？風に舞う桜の花びらのような思い出。海に浮かぶ断崖。鬱蒼とした森の中を常にカーブを描きながら進む線のように細い道。そして鼻に残る苔の涼しげな香り。富士山の駐車場にある小さなスタンドで食べたラーメンの最初の熱い一口。穏やかな湖面に映る神社の輝き。宝石のように輝く摩訶不思議な寺院。静寂に包まれた庭園。提灯の明かりに照らされた京都祇園の細い路地。そして"CITY OF BLINDING LIGHTS"、東京。爆発する漫画の世界、有機的に流れるカオス、新しいものの中に生き続ける古いもの。しばらくの間、私たちはすべてのイメージをしっかりと心で掴み、深呼吸をする。そして、イメージを解き放つ。こうすれば、このイメージは違った形で戻って来てくれるだろう。

JAPAN / 日本

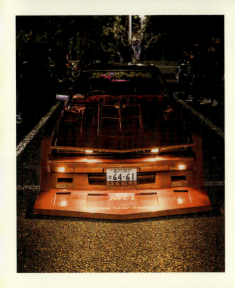

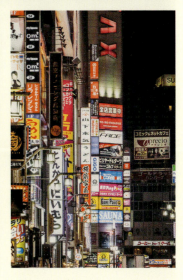

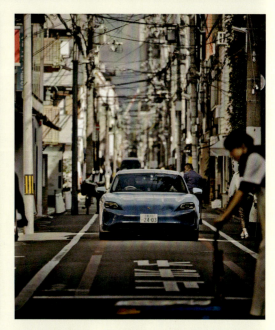

JAPAN / 日本

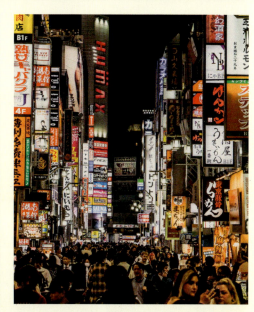

日本/JAPAN

日本 / JAPAN

日本 / JAPAN

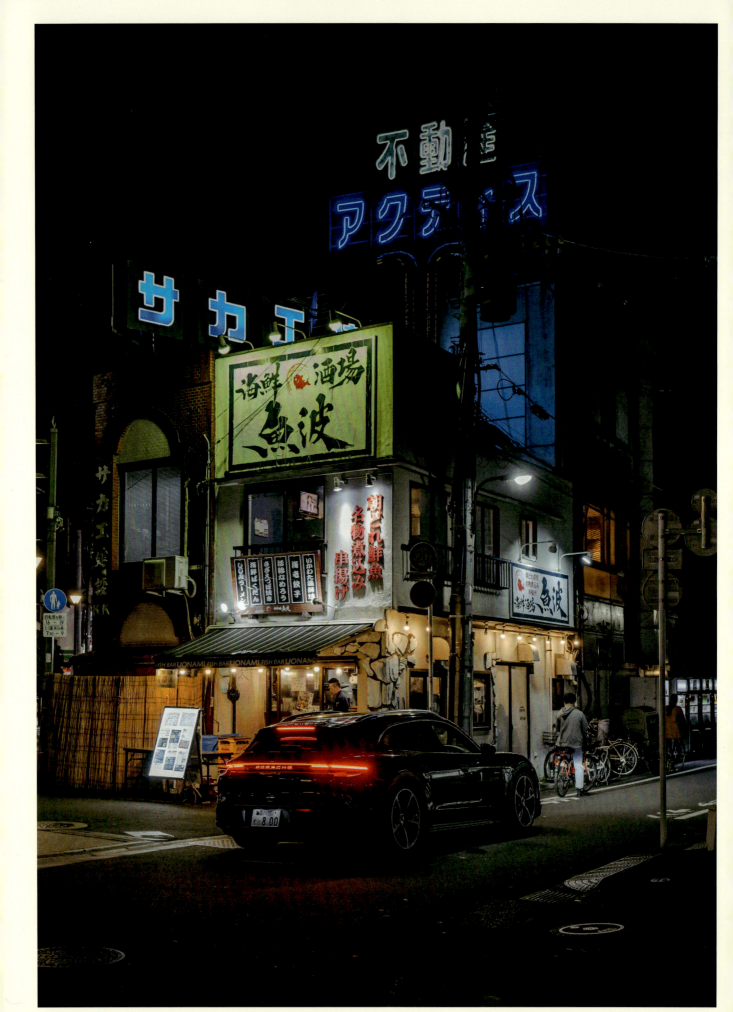

JAPAN / 日本

DANK AN / THANKS TO
Philipp Witzendorff, Kumiko Kojima, Momoka Takai, Hidenobu Wada, Daniel Feucht, Ken Mochizuki, Uto Yukiko, Ota Takeshi, Arnd Stollmann, Asako Sato, Taca, Olivia, Ben Winter, Philipp Heitsch, Tenn, Oou, Suthi, Frank Thiele, Lorenz Georgi

**MORE ABOUT TOKYO
RESTAURANTS, BARS, HOTELS
TYPE 7 TRAVEL GUIDE TO TOKYO**

東京のレストランやバー、
ホテルについてもっと詳しく：
TYPE 7 TRAVEL GUIDE TO TOKIO

ROUTE AS GPX FILE

**CURVES JAPAN:
ENGLISH TEXT**

COPYRIGHT: Das Werk einschließlich aller seiner Teile ist urheberrechtlich geschützt. Jede Verwertung außerhalb der engen Grenzen des Urheberrechtsgesetzes bedarf der Zustimmung des Urhebers und des Verlags. Die im Inhalt genannten Personen und Handlungen sind frei erfunden. Sollten Ähnlichkeiten mit tatsächlich existenten Personen oder stattgefundenen Handlungen entstanden sein, oder sollte ein solcher Eindruck entstehen, so ist dies unsererseits auf keinen Fall gewollt oder beabsichtigt. Die in diesem Magazin enthaltenen Angaben wurden nach bestem Wissen erstellt. Trotzdem sind inhaltliche und sachliche Fehler nicht vollständig auszuschließen. Deshalb erfolgen alle Angaben ohne Garantie des Verlags und der Autoren. Für die Inhalte übernehmen wir keinerlei Gewähr oder Verantwortung. 著作権：本作品およびそのすべての部分は著作権で保護されています。著作権法の厳格な範囲を超える利用は、著作者および出版社の同意を必要とします。本書に記載されている人物および行動は架空のものです。もし、実在の人物や行動と類似する点がある場合、またはそのような印象を与える場合には、それは決して意図的なものではありません。本誌に記載された情報は、最善の知識に基づいて作成されています。それにもかかわらず、内容や事実に誤りが完全に排除されるわけではありません。したがって、すべての情報は出版社および著者の保証なしに提供されています。内容に関して、いかなる保証も責任も負いません。

Taycan Turbo Cross Turismo Stromverbrauch kombiniert (WLTP)*: 22,0 – 19,1 kWh/100 km, Reichweite kombiniert (WLTP)*: 515 – 597 km, CO_2-Emissionen kombiniert (WLTP)*: 0 g/km, Effizienzklasse (WLTP)*: C Energy label. **Taycan GTS** Stromverbrauch kombiniert (WLTP)*: 20,7 – 18,1 kWh/100 km, Reichweite kombiniert (WLTP)*: 552 – 628 km, CO_2-Emissionen kombiniert (WLTP)*: 0 g/km, Effizienzklasse (WLTP)*: C Energy label. **718 Boxster Style Edition** (WLTP): Kraftstoffverbrauch kombiniert (WLTP): 9,7 – 9,0 l/100 km, CO_2-Emissionen kombiniert (WLTP)*: 220 – 203 g/km; CO_2-Klasse: G; Stand 08/2024 **718 Cayman GT4 RS**: Kraftstoffverbrauch* kombiniert (WLTP) 13,0 l/100 km, CO_2-Emissionen* kombiniert (WLTP) 295 g/km, CO_2-Klasse G , CO_2-Klasse gewichtet kombiniert G) **911 Dakar** (WLTP)*: Kraftstoffverbrauch kombiniert (WLTP): 11,3 l/100 km; CO_2-Emissionen kombiniert (WLTP): 256 g/km; CO_2-Klasse: G; Stand 02/2025 **Macan 4S**: Stromverbrauch kombiniert (WLTP): 21,1 – 17,9 kWh/100 km, elektrische Reichweite innerorts (WLTP): 665 – 782 km, Reichweite kombiniert (WLTP): 516 – 612 km, CO_2-Emissionen kombiniert (WLTP): 0 – 0 g/km.

IMPRESSUM / IMPRINT

| HERAUSGEBER/ PUBLISHER: CURVES MAGAZIN THIERSCHSTRASSE 25 D-80538 MÜNCHEN VERANTWORTLICH FÜR DEN HERAUSGEBER/ RESPONSIBLE FOR PUBLICATION: STEFAN BOGNER | KONZEPT/CONCEPT: STEFAN BOGNER THIERSCHSTRASSE 25 D-80538 MÜNCHEN SB@CURVES-MAGAZIN.COM DELIUS KLASING VERLAG GMBH SIEKERWALL 21 D-33602 BIELEFELD | REDAKTION/ EDITORIAL CONTENT: STEFAN BOGNER BEN WINTER ART DIRECTION, LAYOUT, FOTOS/ART DIRECTION, LAYOUT, PHOTOS: STEFAN BOGNER | MAKING OF PHOTOS: PHILIPP HEITSCH TEXT/TEXT: BEN WINTER TEXT INTRO/TEXT INTRO: BEN WINTER ÜBERSETZUNG/TRANSLATION: APOSTROPH GROUP (JP)/ JAMES O'NEILL(EN) | MOTIVAUSARBEITUNG, LITHOGRAPHIE, SATZ/ POST-PRODUCTION, LITHOGRAPHY, SETTING: MICHAEL DORN KARTENMATERIAL/MAP MATERIAL: MAIRDUMONT, OSTFILDERN | PRODUKTIONSLEITUNG/ PRODUCTION MANAGEMENT: SUSANNE NITSCHKE DRUCK/PRINT: KUNST- UND WERBEDRUCK, BAD OEYNHAUSEN 1. AUFLAGE/1ST EDITION: ISBN: 978-3-667-13067-9 |

AUSGEZEICHNET MIT / AWARDED WITH
DDC GOLD - DEUTSCHER DESIGNER CLUB E.V. FÜR GUTE GESTALTUNG 2011 // IF COMMUNICATION DESIGN AWARD 2012 BEST OF CORPORATE PUBLISHING 2012 // ADC BRONZE 2011 // RED DOT BEST OF THE BEST & D&AD 2012 // NOMINIERT FÜR DEN DEUTSCHEN DESIGNPREIS 2015 // WINNER AUTOMOTIVE BRAND CONTEST 2016 // GOOD DESIGN AWARD 2014

CURVES TRAVEL AGENT:
AOT Travel • info@aottravel.de
Tel. +49 89 12 24 800

CURVES AUSGABEN / OTHER ISSUES OF CURVES

PYRENÄEN / PYRENEES — ÖSTERREICH / AUSTRIA — SCHWEIZ / SWITZERLAND — SCHOTTLAND / SCOTLAND — FRANKREICH / FRANCE — USA • KALIFORNIEN / USA • CALIFORNIA — SIZILIEN / SICILY — NORDITALIEN / NORTHERN ITALY — OSTDEUTSCHLAND / EASTERN GERMANY — DEUTSCHLAND/DÄNEMARK / GERMANY/DENMARK — NEUSEELAND / NEW ZEALAND — SARDINIEN / SARDINIA

SPANIEN • MALLORCA / SPAIN • MALLORCA — USA • COLORADO/UTAH — THAILAND — SÜDDEUTSCHLAND / SOUTHERN GERMANY — PORTUGAL — ISLAND / ICELAND — MALAYSIA — NORWEGEN / NORWAY — PATAGONIEN / PATAGONIA — KORSIKA / CORSICA — SINGAPUR / SINGAPORE

Im Handel erhältlich/Available in stores